CW01619968

FLE

Vocabulaire

niveau intermédiaire

Français langue étrangère

FLE

Vocabulaire

niveau intermédiaire

Nicole BORELLI
Professeur certifié
Docteur ès lettres

Angie BORELLI
Docteur ès lettres

ellipses

Du même auteur, chez le même éditeur

Français langue étrangère

Ouf ! Apprendre et réviser le vocabulaire français en s'amusant, collection « Bloc-notes », 144 p.

Méli mélo. Jeux de vocabulaire et de grammaire, 160 p.

Le FLE au quotidien. 100 dialogues de la vie courante, niveau intermédiaire, 128 p.

Espagnol

Spécialités de grammaire espagnole, 240 p.

Sopas. Réviser de manière ludique la grammaire et le vocabulaire espagnols, 160 p.

Sin falta !. L'espagnol sans faute. Jeux d'orthographe, 144 p.

Remerciements à Guy Petit-Bova, pour les enregistrements audio.

ISBN 978-2-7298-8026-2

32, rue Bargue 75740 Paris cedex 15

www.editions-ellipses.fr

Introduction

Ami lecteur, vous avez déjà des notions dans cette langue qui vous plaît. Ce recueil de FLE va vous permettre de revoir de manière ludique à la fois le vocabulaire et la grammaire de cette langue, difficile, qu'est le français.
Vous aurez la possibilité de vous auto-corriger en utilisant le barème placé à la fin de chaque exercice. Pour pourrez progresser à votre propre rythme en travaillant aussi bien l'expression écrite que la partie orale grâce au document audio que vous aurez téléchargé.
Allez, maintenant au travail… et bons progrès !

En ville

1. **Écoutez le fichier audio n° 1 et indiquez l'endroit où cette conversation a lieu :**

- ☐ dans un supermarché
- ☐ à la poste
- ☐ chez un cordonnier

2. **Barrez les intrus que vous ne trouverez pas en ville :**

vitrine | zèbre | gare | magasin | policier | poirier | fontaine | pont | serpent | lion | crocodile

/ 5

3. **Retrouvez les 20 mots qui sont liés dans les lignes suivantes :**

piscinecimetièrevitrinelampadairepolicierm
agasinhypermarchéfontainegareboutiqueclie
ntcirculationboucheriebibliothèquecoiffeurp
iétonpontembouteillagerestaurantfeutricolore

/ 20

4. **Écoutez le fichier audio n° 2 et cochez les magasins qui sont cités :**

- ☐ le supermarché
- ☐ la pâtisserie
- ☐ le cordonnier
- ☐ la boulangerie
- ☐ la librairie
- ☐ le marchand de glaces
- ☐ le marchand de chaussures
- ☐ le marchand de journaux

/ 5

5. **Retrouvez, en complétant les voyelles manquantes, 5 éléments se trouvant en ville :**

1. L_ P L_ C_
2. L_ R_ _
3. L_ M_ _ R_ _
4. L_ M_ G_ S_ N
5. L_ S_ P_ R M_ R C H_

/ 5

2 Les métiers (1)

1. **Dans le tableau suivant, faire correspondre les métiers avec le vocabulaire proposé :**

Cirque ▪ Moteur ▪ Boudin ▪ Cahier ▪ Construction ▪ Jambon ▪ Tableau ▪ Peigne ▪ Maillot de bain ▪ Pinceau ▪ Jugement ▪ Médicaments ▪ Sèche-cheveux

Charcutier	Jambon
Professeur	
Coiffeur	Sèche-cheveux
Avocat	Jugement
Acrobate	Cirque
Peintre	Peintre
Mécanicien	Moteur / Construction
Maçon	
Pharmacien	Medicaments
Maître-nageur	Maillot de bain

/ 10

2. **Écoutez le fichier audio n° 3 et cochez le métier correspondant aux mots proposés :**

- ☐ un charcutier
- ☐ un boulanger
- ☐ un traiteur
- ☐ un pompier
- ☐ un plombier

3. Retrouvez le métier en fonction des indices fournis :

1. Il vend du poisson : ....
2. Il s'occupe du jardin : ....
3. Il vend de la viande : ....
4. Il fait rire les enfants au cirque : ....
5. Il est aux commandes d'un avion : ....
6. Il éteint les incendies : ....
7. On l'appelle lorsqu'il y a un problème électrique : ....
8. Il répare les chaussures : ....
9. Il vend des gâteaux : ....
10. Il dessine les maisons : ....

/ 10

4. Écoutez le fichier audio n° 4. Dites qui parle et où se passe la scène :

La scène se passe .... et c'est .... qui parle.

/ 2

5. Former 5 métiers en utilisant les syllabes suivantes : (pour vous aider 2 métiers ont 2 syllabes et 3 métiers ont 3 syllabes).

PHAR • PLOM • MA • CIEN • BIER • ME • DE • CIN • FEUR • COIF • JAR • DI • NIER

....

....

....

/ 5

6. Complétez les phrases :

1. J'ai très mal à une dent, je dois me rendre chez le ....
2. Je dois offrir un bouquet de roses pour l'anniversaire de maman. Je vais chez le ....
3. Mon frère n'arrête pas de tousser, il faut aller chez le ....
4. Je dois acheter deux baguettes, un pain au chocolat et un croissant. Je vais chez le ....
5. La baignoire est bouchée. Il faut appeler le ....

/ 5

7. Fichier audio n° 5. Qui prononce les phrases que vous entendez ? Cochez la bonne réponse.

1. ☐ le dentiste ☐ le pharmacien
2. ☐ le professeur ☐ le jardinier
3. ☐ le poissonnier ☐ le charcutier
4. ☐ le carreleur ☐ le plâtrier
5. ☐ la couturière ☐ le bijoutier
6. ☐ le maître-nageur ☐ l'entraîneur
7. ☐ le médecin ☐ la couturière
8. ☐ le peintre ☐ l'entraîneur
9. ☐ l'hôtesse de l'air ☐ le golfeur
10. ☐ le maître-nageur ☐ le pilote

/ 10

8. **Associez le verbe ou les verbes avec le métier correspondant :**

Défendre ▪ Plaider ▪ Planter ▪ Récolter ▪ Peindre ▪ Opérer Colorer ▪ Vendre ▪ Peigner ▪ Enseigner ▪ Soigner ▪ Dessiner ▪ Ausculter ▪ Construire ▪ Cuisiner ▪ Déboucher ▪ Distribuer ▪ Préparer ▪ Limer ▪ Écrire ▪ Vernir

1. Avocat : ....
2. Cuisinier : ....
3. Maçon : ....
4. Architecte : ....
5. Professeur : ....
6. Coiffeur : ....
7. Médecin : ....
8. Chirurgien : ....
9. Agriculteur : ....
10. Peintre : ....
11. Écrivain : ....
12. Vendeur : ....
13. Manucure : ....
14. Plombier : ....
15. Facteur : ....

/ 15

9. **Écoutez le fichier audio n° 6. Trouvez l'intrus.**

L'intrus est : ....

10. Retrouvez 20 métiers ci-dessous :

P O M P I E R A G R I C U L T E U R M E C A N I C I E N P R O F E
S S E U R R E P R E S E N T A N T A P I C U L T E U R J O N G L E
U R A V O C A T D A N S E U R E L E C T R I C I E N F L E U R I S T E
C O U T U R I E R M I N E U R B O U L A N G E R S E R V E U R P I
L O T E M A R I N M U S I C I E N J U G E P H A R M A C I E N

....

....

....

....

/ 20

11. Répondre en choisissant entre les 2 propositions :

1. Quel artisan cuit dans le fournil ?
   ☐ le boulanger ☐ le rôtisseur
2. Qui utilise un filet ?
   ☐ le pêcheur ☐ le chasseur
3. Qui corrige des copies ?
   ☐ le professeur ☐ l'architecte
4. Qui sauve les personnes lors des incendies ?
   ☐ le gendarme ☐ le pompier
5. Qui dessine des plans ?
   ☐ le maçon ☐ l'architecte
6. Qui distribue le courrier ?
   ☐ le percepteur ☐ le facteur
7. Qui répare les chaussures ?
   ☐ le gardien ☐ le cordonnier

8. Qui défend les gens qui vont être jugés ?
☐ l'avocat ☐ le juge

9. Qui aide à la rééducation des gens blessés ?
☐ le kinésithérapeute ☐ le dentiste

10. Qui appelle-t-on lorsque l'on a un lavabo bouché ?
☐ l'électricien ☐ le plombier

11. Qui nous vend les médicaments ?
☐ le pharmacien ☐ le docteur

12. Qui aide les médecins dans un hôpital ?
☐ l'ambulancier ☐ l'infirmière

13. Qui confectionne les vêtements ?
☐ la styliste ☐ la couturière

14. Qui s'occupe des champs ?
☐ l'horticulteur ☐ l'agriculteur

15. Qui soigne les animaux ?
☐ le vétérinaire ☐ le médecin

16. Qui joue une pièce de théâtre ?
☐ l'acteur ☐ le régisseur

17. Qui apprend à nager aux enfants ?
☐ le maître nageur ☐ le poissonnier

18. Qui écrit des romans ?
☐ l'éditeur ☐ l'écrivain

19. Qui arrête les voleurs ?
☐ le policier ☐ le vendeur

20. Qui compose des poèmes ?
☐ le journaliste ☐ le poète

/ 20

3 Les couleurs (1)

1. **Dans le tableau suivant, écrivez le nom des choses qui correspondent aux 3 couleurs qui sont précisées dans le fichier audio n° 7.**

Le ciel ▪ L'herbe ▪ La tomate ▪ La marguerite ▪ Le citron ▪ L'abricot ▪ La grenouille ▪ Le soleil ▪ La mer ▪ La banane ▪ Le sapin ▪ Le chat ▪ La cerise ▪ La coccinelle ▪ Le nuage ▪ Le maïs ▪ La fraise

A :	B :	C :

/ 10

2. **Ne gardez que les couleurs qui correspondent à des choses : orange, violet, rose, noir, marron, lilas, moutarde, bleu, jaune.** *Ex. : l'abricot est un fruit et également une couleur.*

....

....

....

/ 5

3. **Écoutez le fichier audio n° 8 et écrivez le nom des choses qui contiennent du vert :**

....

....

....

/ 10

4. **Écoutez le fichier audio n° 9 et indiquez le nombre de couleurs qui correspondent aux mots prononcés.**

1. ....
2. ....
3. ....
4. ....
5. ....

/ 5

5. **Indiquez si la phrase est vraie ou fausse :**

	V	F
1. La pastèque est verte à l'extérieur et rouge à l'intérieur.	☐	☐
2. En automne les feuilles changent de couleur.	☐	☐
3. La laitue est une salade orange.	☐	☐
4. Le cafard est noir.	☐	☐
5. Ton petit chien est bleu.	☐	☐
6. La mer est rose.	☐	☐
7. Le radis est violet.	☐	☐
8. Le crabe est un oiseau multicolore.	☐	☐
9. La neige est blanche.	☐	☐
10. Le mimosa est jaune.	☐	☐

/ 10

6. **Savez-vous quelle est cette chose qui apparaît parfois après la pluie et qui se compose de 7 couleurs (rouge, orange, jaune, vert, bleu, indigo, violet) ?**

....

7. **Recherchez les noms de 13 couleurs dans le cadre suivant. Les noms peuvent se lire de haut en bas, de bas en haut, de droite à gauche ou de gauche à droite. Avec les lettres restantes, retrouvez une quatorzième couleur.**

	1	2	3	4	5	6	7	8	9
1	E	N	I	R	A	D	N	A	M
2	M	A	R	R	O	N	O	V	P
3	E	E	B	T	J	R	I	E	I
4	R	G	L	E	A	O	R	R	S
5	A	U	A	L	U	S	U	T	T
6	U	O	N	O	N	E	E	M	A
7	D	R	C	I	E	O	L	U	C
8	E	A	R	V	E	D	B	T	H
9	T	U	R	Q	U	O	I	S	E

HORIZONTAL

1. ....
2. ....
4. ....
9. ....

VERTICAL

1. ....
2. ....
3. ....
4. ....
5. ....
6. ....
7. ....
8. ....
9. ....

Il reste : ....

/ 14

8. **Retrouvez les noms de 10 couleurs dans ces lettres mélangées :**

B L V E R T E U G E R O U J A U E S R O N E V I O L E
T O G E R A N T U R Q U O I S E N O B L A C N I R

....

....

....

....

....

....

....

....

....

/ 10

9. **Dictée : recopiez les phrases entendues dans fichier audio n° 10 et complétez-les pour retrouver les 10 couleurs.**

1. Il n'y voit que ....
2. Il est en colère, il ....
3. Il a passé une ....
4. Avoir des ....
5. Il est parti se ....
6. Elle voit la ....
7. C'est un avocat ....
8. La balle qui a été tirée est ....
9. Il est pessimiste, il voit ....
10. Tout ne va pas bien, tout ....

/ 10

Le corps humain (1)

1. Écoutez le fichier audio n° 11 et cochez les éléments appartenant au corps humain que vous avez entendus.

- ☐ la joue
- ☐ la jambe
- ☐ le visage
- ☐ la cuisse
- ☐ les sourcils
- ☐ le dos
- ☐ le bras
- ☐ les yeux
- ☐ les pieds
- ☐ le ventre
- ☐ les doigts
- ☐ les mains

/ 10

2. Les affirmations suivantes sont-elles vraies ou fausses ?

	V	F
1. Le genou est une articulation.	☑	☐
2. Le cou se trouve entre la cuisse et le pied.	☐	☑
3. La main comporte 5 doigts.	☑	☐
4. Le poignet se trouve entre le bras et l'avant-bras.	☐	☐
5. Le pied se trouve au bout du bras.	☐	☑
6. Le ventre est plus haut que la poitrine.	☐	☐
7. Les doigts de pied se nomment les orteils.	☑	☐
8. Les côtes se trouvent dans la tête.	☐	☑
9. Les côtes forment la cage thoracique.	☑	☐
10. Le tibia est un os du bras.	☐	☑
11. La langue se trouve dans la bouche.	☑	☐
12. La main termine la jambe.	☒	☑
13. La cheville est une articulation.	☐	☐
14. Le nombril se trouve dans le dos.	☐	☐
15. Le cou réunit la jambe et le pied.	☐	☑

/ 15

3. Le visage : Écoutez les mots cités dans le fichier audio n° 12 et placez-les sur le visage dessiné ci-dessous.

/ 10

4. Complétez les cases manquantes par des voyelles pour trouver 5 articulations (on lit de gauche à droite ou verticalement).

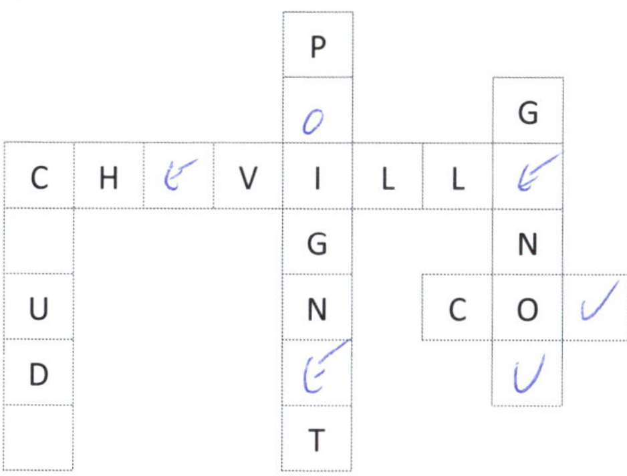

/ 5

5. Utilisez les définitions données pour compléter les phrases en utilisant le vocabulaire donné fichier audio n° 13 pour retrouver les 14 parties du corps humain (un mot est donné 2 fois).

1. Il dort profondément : il dort sur ses deux ....
2. Il prend des risques : on dit que c'est un casse-....................
3. Il oublie tout. C'est une .... de linotte.
4. Avoir de l'influence. C'est avoir le .... long.
5. De quelqu'un qui s'en croit, on dit qu'il a les .... qui enflent.
6. Lorsqu'on surveille quelqu'un, on a l'.................... sur lui.
7. Accueillir quelqu'un avec joie, c'est le recevoir à .... ouverts.
8. Quand on a du courage on n'a pas froid aux ....
9. Offrir de l'aide à quelqu'un c'est lui tendre la ....
10. Organiser quelque chose, c'est mettre quelque chose sur ....
11. S'entraider signifie se tenir (ou se serrer) les ....
12. En avoir assez, être fatigué : en avoir plein le ....
13. Quand on a peur on dit familièrement que l'on serre les ....
14. Lorsque l'on est très fatigué, on dit que l'on est sur les ....
15. Lorsque quelqu'un est trop rêveur, on dit qu'il a la .... dans les nuages.

/ 15

6. Répondez aux questions en choisissant parmi les 2 propositions :

1. Dans quelle partie du corps se trouve la luette ?
   - ☐ la gorge ☐ le ventre
2. Selon l'expression un noble a le sang...
   - ☐ vert ☐ bleu
3. Les doigts sont terminés par...
   - ☐ les phalanges ☐ les ongles
4. L'omoplate se situe...
   - ☐ dans le dos ☐ dans l'abdomen
5. Comment se nomment les 2 moitiés du cerveau ?
   - ☐ les cervelles ☐ les hémisphères

/ 5

7. Replacez les os dans la bonne partie du corps en choisissant entre les 2 options proposées :

Fémur (bras ou cuisse) ▪ Radius (bras ou cuisse) ▪ Omoplate (dos ou cuisse) ▪ Rotule (bras ou jambe) ▪ Humérus (bras ou tête) ▪ Côtes (jambe ou thorax) ▪ Colonne vertébrale (dos ou main) ▪ Calcanéum (pied ou cou) ▪ Crâne (main ou tête) ▪ Cage thoracique (dos ou thorax)

Bras	
Cuisse	
Avant-bras	
Talon	
Thorax	
Tête	
Dos	
Genou	
Dos	
Cage thoracique	

/ 10

8. **Retrouvez dans le tableau suivant de mots mêlés 14 parties du corps humain. Les mots peuvent se lire de droite à gauche, de gauche à droite, de haut en bas et de bas en haut. Avec les cases restantes, retrouvez une dernière partie du visage.**

	1	2	3	4	5	6	7	8	9
1	A	C	H	E	V	I	L	L	E
2	V	T	T	E	N	G	I	O	P
3	A	O	V	I	S	A	G	E	L
4	N	R	O	R	E	I	L	L	E
5	T	S	T	E	N	G	I	O	P
6	-	E	M	E	N	T	O	N	I
7	B	M	S	O	U	R	C	I	L
8	R	A	C	U	I	S	S	E	I
9	A	I	E	H	C	U	O	B	C
10	S	N	G	E	N	O	U	O	E

HORIZONTAL

1. C ....
2. ....
3. V ....
4. ....
5. ....
6. ....
7. ....
8. ....
9. ....
10. ....

VERTICAL

1. A ....
2. ....
9. ....

Il reste : ....

/ 15

9. **Démêlez ces mots liés et retrouvez 15 mots concernant le corps humain :**

j a m b e c o u d e m a i n d o i g t p i e d o r t e
i l v i s a g e c h e v i l l e p o u c e v e n t r e
t ê t e a v a n t b r a s é p a u l e o n g l e o r t e i l

/ 15

10. **Replacez dans la main ci-dessous les parties que vous aurez entendues dans le fichier audio n° 14.**

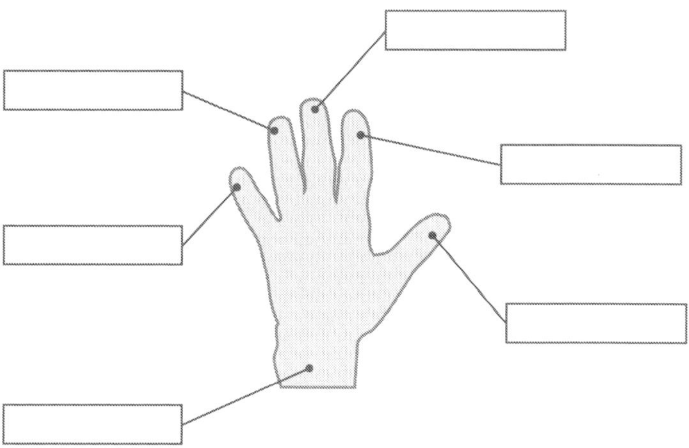

/ 6

La nourriture (1)

1. Associez les mots du fichier audio n° 15 avec un type de nourriture :

1. Le ....
2. Les ....
3. Les ....
4. La ....
5. Les ....

/ 5

2. De tous les éléments suivants, ne gardez que les fruits :

Le melon ▪ La pastèque ▪ La pêche ▪ La carotte ▪ Le citron ▪ Le haricot ▪ La prune ▪ Le céleri ▪ Le cornichon ▪ La pomme ▪ La salade ▪ Les pâtes ▪ Le brugnon ▪ La polenta ▪ Le raisin ▪ Le concombre ▪ La poire ▪ L'abricot

....

....

....

....

/ 10

3. Remettre dans l'ordre les syllabes suivantes afin de former 6 noms de légumes :

EN ▪ VE ▪ HA ▪ COT ▪ TUE ▪ NA ▪ LAI ▪ VET ▪ CON ▪ RI ▪ BRE ▪ DIS ▪ DI ▪ COM ▪ RA

....

....

....

/ 6

4. Après avoir écouté les pays présentées dans le fichier audio n° 16 reclassez les spécialités suivant le pays d'origine dans le tableau ci-dessous :

Choucroute ◦ Chorizo ◦ Paella ◦ Cassoulet ◦ Minestrone ◦ Bouillabaisse ◦ Pissaladière ◦ Sangria ◦ Fondue savoyarde ◦ Gorgonzola ◦ Fondue bourguignonne ◦ Tapas ◦ Pizza ◦ Quenelles ◦ Champagne

F....................................	E....................................	I....................................

/ 15

5. Remettez les lettres dans l'ordre afin de former 5 « plats complets » :

1. C H U R O T E U C O : ....
2. A E L A P L : ....
3. C O C S O U U S : ....
4. C A O U S S L T E : ....
5. P T O-U A-F U E : ....

/ 5

6. Complétez les voyelles manquantes afin de retrouver 20 éléments comestibles (aidez-vous des quelques illustrations) :

P		M	P	L		M		U	S	S	
C	L		M		N	T		N	E		
C		N	F		T		R				
C		N	C		M	B	R	E			
N			S		T	T	E				
M	O		T		R	D					
C	R		V		T	T					
H		R		C		T					
F	R		M		G	E					
P	O		S	S		N					
J		M	B		N						
C		R		S							
P			L		T						
H	U		L								
P		R	E								
G	L		C								
N			X								
P			N								
M			S								
R		Z									

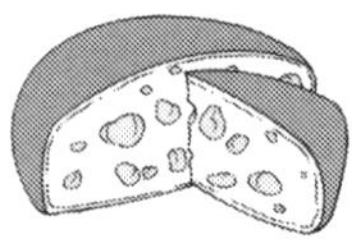

/ 20

7. **Après avoir écouté le vocabulaire du fichier audio n° 17 écrivez uniquement le nom des fromages français :**

....

....

....

/5

8. **Répondre aux questions posées :**

1. Que dit-on d'un canard qui cuit dans sa graisse ?
   - ☐ Il est confit
   - ☐ Il est laqué
2. D'où tire-t-on une huile issue d'une plante qui s'oriente vers le soleil ?
   - ☐ Du tournesol
   - ☐ Du maïs
3. Qu'est-ce que la « reine-claude » ?
   - ☐ Une pomme
   - ☐ Une prune
4. Quel est le fruit qui a le même nom qu'un projectile explosif ?
   - ☐ La grenade
   - ☐ La bombe
5. Quelle spécialité est typique du midi ?
   - ☐ La bouillabaisse
   - ☐ Le cassoulet

/5

Les vêtements (1)

1. **Écoutez le fichier audio n° 18 et rangez correctement les mots énoncés dans le tableau suivant :**

Été	Hiver	Indifférent

/ 15

2. **Parmi la liste de mots suivants recopiez uniquement ceux qui se rapportent à un type de chaussures :**

Mocassin ▪ Combinaison ▪ Tong ▪ Tennis ▪ Bottes ▪ Slip ▪ Spartiate ▪ Bustier ▪ Espadrille ▪ Bottines ▪ Sabot ▪ Cape ▪ Escarpin ▪ Bermuda ▪ Cuissardes ▪ Gilet ▪ Bas ▪ Collant

....

....

....

....

....

....

/ 10

3. **Complétez les phrases en choisissant parmi les mots suivants :**

Imperméable ▪ Short ▪ Cache-nez ▪ Gants ▪ Robe ▪ Serviette de bain ▪ Tee-shirt ▪ Pantalon ▪ Ceinture ▪ Maillot de bain ▪ Écharpe ▪ Bottes ▪ Cravate ▪ Robe de chambre ▪ Chemise de nuit

1. Il fait très froid. N'oublie pas de prendre ton .... (ou ....) avant de sortir.
2. Mets ton .... : il tombe des cordes !
3. Heureusement que j'ai pris ma .... pour m'essuyer en sortant de la piscine.
4. Lou-Anne est très coquette : elle assortie toujours son .... à sa jupe.
5. Quand il fait chaud, j'adore me promener en ....
6. N'oublie pas tes .... si tu veux faire un bonhomme de neige !
7. Regarde, ton .... est en train de tomber. Mets une .... !
8. Cette .... du soir en mousseline est vraiment très élégante.
9. Lou-Anne a un joli .... rose pour aller à la plage.
10. Lisa, mets ton .... : tu as mal à la gorge !
11. Il pleut, Matthias met ses .... avant de sortir.
12. Pour ne pas prendre froid, dès que je me lève, je mets ma ....
13. Pour dormir je mets ma ....
14. Un homme élégant porte toujours une ....

/ 15

4. Complétez les voyelles manquantes pour retrouver vêtements et accessoires :

I	M	P		R	M	E	A	B	L	
S		R	V		T	E	M		N	T
C	H	A		S	S	E	T	T	E	
P		N	T		C	O		R	T	
S		L		P	E	T	T			
C	H		M		S	I		R		
P		I	G	N		I	R			
D		U	D	O		N	E			
M		N	T		A					
C		L	L		N	T				
C	H		P		A	U				
	N		R	A	K					
P		J		M	A					
V		S	T							
P		L	L							
S	L		P							
J		P	E							
R		B	E							
B		S								
S		C								

/ 20

5. **Séparez les vêtements, les accessoires et les différentes matières :**

Robe ✻ Cape ✻ Chapeau ✻ Nylon ✻ Laine ✻ Coton ✻ Casquette ✻ Bretelles ✻ Jupe ✻ Lin ✻ Corsaire ✻ Ceinture ✻ Velours ✻ Pantalon ✻ Écharpe ✻ Bustier ✻ Étole ✻ Robe du soir ✻ Cachemire ✻ Smoking

Vêtements	Accessoires	Matières

/ 20

6. **Supprimez l'intrus :**

cravate

étole

foulard

écharpe

L'intrus est ....

Les animaux (1)

1. **Reconstituez les familles en associant le nom des femelles à celui des mâles :**

La jument ▪ Le coq ▪ La chatte ▪ La truie ▪ La guenon

Le singe	
Le cheval	
Le cochon	
La poule	
Le chat	

/ 5

2. **Après avoir entendu le fichier audio n° 19 complétez le tableau suivant en reliant « les enfants » à leur parent :**

La souris	
L'éléphant	
Le lion	
Le chien	
La chèvre	
Le lapin	
La poule	
L'âne	
La vache	
La jument	

/ 10

3. **Complétez les voyelles manquantes pour retrouver des noms d'insectes (vous pouvez vous aider des dessins en marge).**

C		C	C		N		L	L	E
L		B	E	L	L		L	E	
M	O		S	T		Q	U	E	
	R		I	G	N		E		
P		P		L	L	O	N		
A	B	E		L	L				
M		U	C	H					
F	O		R	M	I				
G	U		P						
P		C	E						

/ 10

4. **Retrouvez 15 animaux vivant dans la mer :**

P O U L P E S A R D I N E M O R U E C A C H A L O T B A L E I N
E D A U P H I N R E Q U I N S O L E C R A B E H A R E N G M A Q
U E R E A U M O U L E H O M A R D O U R S I N M E D U S E

....

....

....

....

....

/ 15

Les animaux (2)

5. **Dans ce tableau de mots mêlés, retrouvez 15 noms d'animaux ou d'insectes. Avec les lettres restantes vous retrouverez un 16e nom.**

	1	2	3	4	5	6	7	8	9
1	L	C	H	E	V	A	L	E	P
2	I	A	M	E	L	U	O	P	A
3	O	N	O	G	U	E	P	E	N
4	N	A	U	E	C	H	A	T	T
5	C	R	S	L	P	A	O	N	H
6	H	D	T	L	S	Z	N	C	E
7	A	E	I	I	I	E	E	U	R
8	T	C	Q	E	N	B	I	R	E
9	T	U	U	B	G	R	H	I	U
10	E	P	E	A	E	E	C	L	E

HORIZONTAL

1. ....
2. ....
3. ....
4. ....
5. ....

VERTICAL

1. ....
2. ....
3. ....
4. ....
5. ....

Il reste : ....

/ 16

6. **Écoutez le fichier audio n° 20 et classez les animaux dans le tableau selon les critères précisés :**

La mouche ◾ La couleuvre ◾ Le papillon ◾ Le dauphin ◾ Le lézard ◾ Le rat ◾ La truite ◾ Le bœuf ◾ La libellule ◾ Le cochon ◾ L'otarie ◾ Le moucheron ◾ Le tigre ◾ Le serpent ◾ La guêpe ◾ La baleine ◾ Le cheval ◾ La poule ◾ L'hirondelle ◾ Le puma

a.	b.	c.

/ 20

7. **Recopiez les animaux que vous pouvez trouver dans une ferme :**

Le canard ◾ Le lièvre ◾ Le cochon ◾ Le dindon ◾ Le dromadaire ◾ Le poussin ◾ Le loup ◾ Le renard ◾ La poule ◾ La brebis ◾ Le singe ◾ Le zèbre ◾ L'agneau ◾ La girafe ◾ Le puma ◾ Le mouton ◾ Le cheval ◾ L'âne ◾ Le sanglier ◾ Le coq ◾ La vache ◾ Le veau ◾ Le porc ◾ L'ours ◾ Le phoque ◾ L'antilope ◾ Le bœuf

....

....

....

/ 15

8. Dites si c'est vrai ou faux :

	V	F
1. La vache vit à la ferme	☐	☐
2. Le tigre est un animal sauvage	☐	☐
3. Le zèbre est tacheté	☐	☐
4. La truite vit dans la mer	☐	☐
5. L'autruche est un insecte	☐	☐
6. L'éléphant possède une crinière	☐	☐
7. La poule pond des œufs	☐	☐
8. Le crocodile est dangereux	☐	☐
9. Le rat vit dans la forêt	☐	☐
10. Le perroquet est un oiseau	☐	☐
11. La crevette est un crustacé	☐	☐
12. La tortue est très rapide	☐	☐
13. La girafe vit à la ferme	☐	☐
14. L'ours blanc vit sur la banquise	☐	☐
15. Le taureau vit dans la mer	☐	☐

/ 15

9. Trouvez la bonne réponse entre les 2 propositions :

1. Quel animal a 4 pattes ?
   ☐ le crocodile ☐ le canari
2. Quel animal est très venimeux ?
   ☐ le scorpion ☐ la couleuvre
3. Quel animal a une trompe ?
   ☐ le zébu ☐ l'éléphant
4. Quel animal court très rapidement ?
   ☐ le canard ☐ l'autruche
5. Quel animal possède 2 pattes ?
   ☐ l'oie ☐ la brebis

6. Quel animal a un évent qui permet d'expulser l'air ?
   - ☐ le dauphin ☐ le poulpe
7. Quel insecte tisse une toile ?
   - ☐ le cafard ☐ l'araignée
8. Quel animal est le plus rapide ?
   - ☐ la panthère ☐ le taureau
9. Quel insecte possède des ailes ?
   - ☐ la cigale ☐ le scarabée
10. De quel animal dit-on qu'il est « la plus belle conquête de l'homme » ?
   - ☐ le chien ☐ le cheval

/ 10

***10.* Retrouvez le cri qui correspond à l'animal parmi ces verbes (Ex. : le corbeau... croasse).**

Glapir ▪ Barrir ▪ Coasse ▪ (H)ululer ▪ Rugir ▪ Glouglouter ▪ Aboyer ▪ Roucouler ▪ Miauler ▪ Hennir

1. La grenouille ....
2. Le renard ....
3. L'éléphant ....
4. Le chat ....
5. La chouette ....
6. Le lion ....
7. Le cheval ....
8. Le dindon ....
9. Le chien ....
10. La colombe ....

/ 10

La nature (1)

1. **Classez en 2 colonnes les arbres et les autres éléments naturels :**

Le pin ▪ Le chêne ▪ Le genêt ▪ Le sapin ▪ Le bouleau ▪ Le coquelicot ▪ L'herbe ▪ Le cerisier ▪ Le romarin ▪ Le platane ▪ Le hêtre ▪ La violette ▪ Le mimosa ▪ La tomate ▪ La pêche ▪ La courgette ▪ Le géranium ▪ L'acacia ▪ Le baobab ▪ La glycine

Arbres	Éléments naturels

/ 20

2. **Choisir la bonne réponse :**

1. De quelle plante ne mange-t-on pas la racine ?
   ☐ le navet ☐ la carotte ☐ l'asperge
2. Quelle plante n'est pas de couleur orange ?
   ☐ le persil ☐ le potiron ☐ la carotte
3. Que mange-t-on généralement cru ?
   ☐ la pomme de terre ☐ le radis ☐ le poireau

4. Lequel n'est pas un fruit d'été ?
   - ☐ l'abricot ☐ le marron ☐ la pêche
5. Comment se nomment l'arbre qui donne des fruits ?
   - ☐ l'arbre à fruit ☐ l'arbre fruitier ☐ le fructivore

/ 5

3. Parmi les éléments cités dans le fichier audio n° 21 écrivez uniquement ceux que l'on trouve dans les champs et qui ne sont pas cultivés :

....

....

....

....

/ 10

4. Complétez les noms en utilisant les dessins :

1. Le p _ n

2. La r _ _ e

3. Le s _ _ _ n

4. La m _ _ _ _ _ _ _ _ e

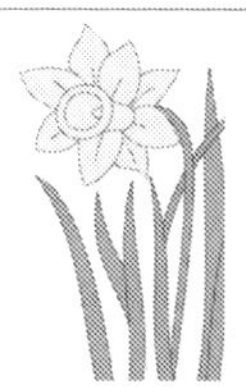
5. La j _ _ _ _ _ _ _ e

/ 5

5. **Remettez les syllabes dans le bon ordre pour retrouver 20 fleurs :**

1. NE • A • MO • NÉ : ....
2. RUM • A : ....
3. TEN • HOR • SIA : ....
4. SE • RO : ....
5. GUET • MU : ....
6. SO • TIS • MYO : ....
7. PIN • LU : ....
8. VEN • PER • CHE : ....
9. A • LÉE • ZA : ....
10. RIS • I : ....
12. LA • DE • VAN : ....
13. SÉE • PEN : ....
14. CO • QUE • COT • LI : ....
15. ET • BLEU : ....
16. LAS • LI : ....
17. OR • CHI • DÉE : ....
18. LIA • MÉ • CA : ....
19. SIA • FREE : ....
20. MAR • GUE • TE • RI : ....

/ 20

6. **Retrouvez le nom de l'arbre :**

1. Je donne des bananes : ....
2. Je donne des cerises : ....
3. Je donne des pêches : ....
4. Je donne des abricots : ....

5. Je donne des figues : ....
6. Je donne des prunes : ....
7. Je donne des citrons : ....
8. Je donne des pommes : ....
9. Je donne des poires : ....
10. Je donne des amandes : ....
11. Je donne des oranges : ....
12. Je donne des citrons : ....
13. Je donne des mandarines : ....
14. Je donne des noix de coco : ....
15. Je donne des noix : ....
16. Je donne des noisettes : ....
17. Je donne des châtaignes : ....
18. Je donne des mûres : ....
19. Je donne des arbouses : ....
20. Je donne des kakis : ....

/ 20

7. **Retrouvez le nom de 10 céréales cachées parmi les arbres :**

Peuplier ▫ Blé ▫ Orge ▫ Sapin ▫ Platane ▫ Chêne ▫ Tremble ▫ Bouleau ▫ Maïs ▫ Riz ▫ Seigle ▫ Charme ▫ Hêtre ▫ Cyprès ▫ Avoine ▫ Érable ▫ Frêne ▫ Pin ▫ Sapin ▫ Mélèze ▫ Merisier ▫ Acajou ▫ Saule ▫ Tamaris ▫ Son ▫ Tilleul ▫ Quinoa ▫ Millet ▫ Saule pleureur ▫ Boulghour

....

....

....

....

/ 10

L'enseignement (1)

1. **Répondez aux questions suivantes en choisissant parmi les 2 propositions :**

1. Comment s'appelle la 1re année à l'école primaire ?
   ☐ le cours préparatoire ☐ la première

2. Comment s'appelle la classe dans laquelle on passe le bac ?
   ☐ la dernière ☐ la terminale

/ 2

2. **Trouvez l'intrus et expliquez pourquoi.**

Maths | Espagnol | Anglais | Allemand | Italien

....

3. **Remettre dans l'ordre chronologique :**

Faculté • maternelle • collège • Lycée • école primaire

....

/ 5

4. **Dictée : Écrivez le nom des matières que vous aurez entendues dans le fichier audio n° 22.**

....

....

....

....

/ 15

5. **Reliez les éléments avec les matières proposées :**

Dictionnaire ▪ Peinture ▪ Short ▪ Baskets ▪ Pinceau ▪ Sifflet ▪ Règle ▪ Rapporteur ▪ Course ▪ Rédaction ▪ Addition ▪ Dissertation ▪ Saut ▪ Stade ▪ Crayons de couleurs ▪ Chronomètre ▪ Multiplication ▪ Marteau ▪ Algèbre ▪ Performance

Maths	Français	Dessin	Éducation physique

/ 20

9 L'enseignement (2)

6. Répondez aux affirmations en cochant la bonne réponse :

	V	F
1. On fait de l'économie à l'école primaire	☐	☐
2. Il y a piscine obligatoire en 6^{e}	☐	☐
3. On passe le « brevet » en 4^{e}	☐	☐
4. On fait de l'histoire et géographie en primaire	☐	☐
5. On apprend 2 langues en 6^{e}	☐	☐
6. On apprend 2 langues en 4^{e}	☐	☐
7. Il faut savoir nager plus de 100 m pour avoir le bac	☐	☐
8. On commence la philosophie en 2^{de}	☐	☐
9. Il y a interdiction de présenter le bac plus de 2 fois	☐	☐
10. On rentre à l'école primaire lorsque l'on sait lire	☐	☐

/ 10

7. Retrouvez les matières enseignées en utilisant les dessins (les 6 dernières matières représentent des langues) :

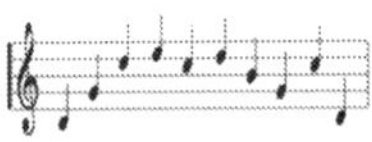

1. M _ _ _ _ _ E

2. M _ _ _ _ _ _ _
_ _ _ _ S

3. G _ _ _ _ _ _ _ _ E

4. C _ _ _ _ L

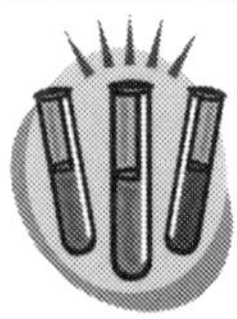

5. C _ _ _ _ E

6. D _ _ _ T

7. E _ _ _ _ _ _ _ N
P _ _ _ _ _ _ E

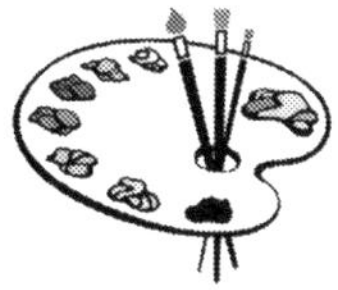

8. A _ _ S
P _ _ _ _ _ _ _ _ S

9. H _ _ _ _ _ _ E

10. E _ _ _ _ _ _ L

11. I _ _ _ _ _ N

12. A _ _ _ _ _ S

13. C _ _ _ _ _ S

14. F _ _ _ _ _ _ S

15. R _ _ _ E

/ 15

Les sports (1)

1. Répondre aux questions suivantes en choisissant entre les 2 propositions :

1. Quel engin est surnommé « la petite reine » ?
   - ☐ la bicyclette ☐ la voiture
2. Quelle est l'épreuve de lancer qui détient le record du monde ?
   - ☐ le javelot ☐ le marteau
3. Quelle est le style de natation le plus rapide ?
   - ☐ le crawl ☐ la brasse
4. Qui monte le cheval pendant une course ?
   - ☐ le palefrenier ☐ le jockey
5. Quelles sont les épreuves du biathlon : ski de fond et ... ?
   - ☐ tir ☐ natation
6. Le football est un sport qui se joue à ... :
   - ☐ onze ☐ sept
7. Comment se nomme le local d'une salle de sport dans lequel on peut se changer ?
   - ☐ le vestiaire ☐ la buanderie
8. A quel sport se rapportent les noms « poids lourd » et « K.O. » ?
   - ☐ le karaté ☐ la boxe
9. Quelle est la durée d'un match de rugby ?
   - ☐ 90 min (45 min × 2) ☐ 80 min (40 min × 2)
10. Quel sport consiste à se déplacer d'arbre en arbre ?
    - ☐ l'acrobranches ☐ la varappe

/ 10

2. **Écoutez le fichier audio n° 23 et classez les sports dictés.**

Sport sans objet	Sport nécessitant un objet

/ 20

3. **Retrouvez dans ces mots liés 20 sports :**

stepformuleunnatationplongeonavironboxelutteescrime
gymnastiquetriplesautmarathontennisfootballhandbal
lbasketballtiràl'arcpingpongéquitationskipatinàglace

....

....

....

....

....

/ 20

4. Retrouvez le mot d'après la définition :

1. Il pratique le volley-ball : le ....
2. Il pratique la natation : le ....
3. Il pratique le karaté : le ....
4. Il fait de l'escrime : l' ....
5. Il tire à l'épée : l' ....
6. Il lance le poids : le ....
7. Il fait de la gymnastique : le ....
8. Il pratique la boxe : le ....
9. Il pratique le hand-ball : le ....
10. Il pratique le football : le ....
11. Il saute en parachute : le ....
12. Il fait du ski : le ....
13. Il pratique le judo : le ....
14. Il fait du golf : le ....
15. Il fait du surf : le ....
16. Il fait de la plongée : le ....
17. Il fait du ping-pong : le ....
18. Il court le marathon : le ....
19. Il soulève des poids : l' ....
20. Il lance le disque : le ....

/ 20

5. Complétez les consonnes manquantes pour retrouver ces sports :

1. R U _ _ Y
2. A _ P I _ I _ M E
3. G O _ _
4. W I _ D S U _ _
5. B O _ E
6. J U _ O
7. P I _ _ -P O _ _
8. V O I _ E
9. T I _
10. K A _ A _ É

/ 10

6. Retrouvez le sport en utilisant les dessins :

1. V..................

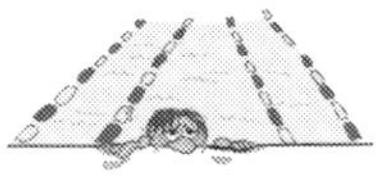

2. N..................

3. J..................

4. E..................

5. P..................

6. C..................

7. G..................

8. P..................

9. T..................

10. S..................

11. J..................

12. W..................

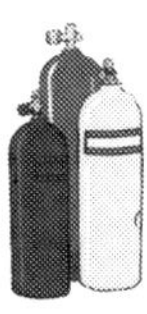

13. P..................

14. S..................

15. R..................

/ 15

1. **Classez les mots du fichier audio n° 24 dans le tableau suivant selon qu'ils se rapportent à la voiture ou au train :**

Automobile	Train

/ 10

2. **Répondez aux questions suivantes en choisissant parmi les 2 propositions :**

1. Comment se nomme la fin d'une ligne de bus ?
   ☐ l'arrêt ☐ le terminus
2. Quand on se rabat précipitamment après avoir doublé on fait...
   ☐ une tête de lard ☐ une queue de poisson
3. Lorsque l'on n'a pas observé le code de la route on peut avoir...
   ☐ une amende ☐ une pêche
4. En France le permis de conduire comporte...
   ☐ 10 points ☐ 12 points
5. Sur autoroute, la vitesse est limitée à...
   ☐ 130 km / h ☐ 140 km / h

/ 5

3. **Classez les moyens de locomotion suivants par ordre de vitesse (du moins rapide au plus rapide) :**

La moto ▪ À pied ▪ Le TGV ▪ Le vélo ▪ L'avion ▪ La mobylette ▪ L'hélicoptère ▪ La voiture ▪ Le train ▪ La fusée

....

....

....

/ 10

4. **Complétez par des voyelles pour retrouver 15 mots de vocabulaire ayant un rapport avec les transports (pour les 2 derniers mots compléter par des consonnes).**

S	T		T	I		N	N		M	E	N	T
P	N	E		M	A	T		Q	U	E		
C		R	C	U	L		T	I		N		
A	U	T		R	O		T					
S		C	U	R		T	E					
A	U	T		C		R						
A	M		N	D								
B	A	T			U							
V	O	L		N	T							
D		N	G		R							
P	E		G									
R	O		E									
R		I	L									
T	G											
P												

/ 15

La famille

1. Complétez les phrases en utilisant les indications données dans le fichier audio n° 25.

1. Catherine est ma ....
2. Jean est mon ....
3. Romain est mon ....
4. Lou-Anne est la .... de Noëlle.
4. Mathias et Léa sont mes ....
5. Nicole est ma ....
6. Christine est ma ....
7. Georges est mon ....
8. Alain est mon ....
10. Angie est ma ....

/ 10

2. Mettez dans l'ordre chronologique logique les étapes suivantes :

Le mariage (la noce) ⁎ Le 1er anniversaire ⁎ La naissance ⁎ L'enfance ⁎ L'âge adulte ⁎ L'adolescence ⁎ La mort (le décès) ⁎ La vieillesse ⁎ Les fiançailles ⁎ La maturité

....

....

....

....

....

/ 10

3. **Répondez aux questions en choisissant la bonne réponse :**

1. Que jette la jeune mariée aux jeunes filles présentes à la noce ?
   - ☐ son bouquet ☐ son voile
2. Que forment les personnes qui accompagnent la mariée ?
   - ☐ le cortège ☐ des chanteurs
3. Que remet le maire aux nouveaux époux ?
   - ☐ le livret de famille ☐ un carnet de bonne conduite
4. Comment se nomme le dernier né de la famille ?
   - ☐ l'aîné ☐ le benjamin
5. Lors d'un mariage on a besoin…
   - ☐ d'un témoin ☐ d'un témoignage
6. La nouvelle femme de mon père est…
   - ☐ ma bru ☐ ma belle-mère
7. Le mari de ma fille est…
   - ☐ mon gendre ☐ mon beau-fils
8. Avant le mariage, on doit publier…
   - ☐ les bans ☐ le carnet de santé
9. La période avant le mariage s'appelle…
   - ☐ le pré-mariage ☐ les fiançailles
10. Lors des fiançailles, la coutume veut que le fiancé offre…
    - ☐ un collier ☐ une bague

/ 10

La maison (1)

1. **Répondre aux questions suivantes en choisissant parmi les 2 propositions :**

1. Où trouve-t-on généralement un « traversin » ?
   ☐ dans la chambre ☐ dans la salle de bains
2. Dans une maison quelle pièce sert d'abri pour la voiture ?
   ☐ la buanderie ☐ le garage
3. Où trouve-t-on généralement un « lavabo » ?
   ☐ dans la chambre ☐ dans la salle de bains
4. Le « grenier » de la maison se trouve......
   ☐ en haut ☐ en bas
5. Les couvertures s'utilisent...
   ☐ en hiver ☐ en été

/ 5

2. **En utilisant le fichier audio n° 26 remettez les éléments dans la bonne pièce :**

Cuisine	Chambre	Salle de séjour

/ 15

3. **Remettez les lettres dans le bon ordre pour trouver des éléments de la maison :**

1. O T P R E : ....
2. F E E N R T E : ....
3. V T O E L : ....
4. T A I S P : ....
5. P L A O N F D : ....

/5

4. **Supprimez l'intrus :**

Fourchette

Couteau

Louche

Cuillère

Pain

5. **Retrouvez les corps de métiers que l'on peut employer pour la construction ou l'aménagement d'une maison :**

Le maraîcher ▪ Le plombier ▪ Le boucher ▪ Le plâtrier ▪ La secrétaire ▪ Le carreleur ▪ L'épicier ▪ L'architecte ▪ Le décorateur ▪ Le paysagiste ▪ Le pompier ▪ L'avocat ▪ Le menuisier ▪ Le douanier ▪ Le bijoutier ▪ L'électricien ▪ Le peintre en bâtiment ▪ Le maçon ▪ Le cordonnier ▪ Le policier ▪ Le boulanger

....

....

....

/ 10

6. **Séparez les éléments que l'on peut retrouver à l'intérieur ou à l'extérieur d'une maison :**

Le couloir ▪ La fenêtre ▪ L'allée ▪ Le plafond ▪ Le parterre ▪ La jardinière ▪ Le placard ▪ Le potager ▪ La tondeuse à gazon ▪ La baie vitrée

Intérieur	Extérieur

/ 10

7. **Retrouvez 20 éléments se trouvant dans la maison en complétant les lettres manquantes ou en utilisant les dessins :**

1	B		B	L		O	T	H		Q	U	E
2	A	L	L		M		-	G		Z		
3	C	O		V		R	T		R	E		
4	A		P		R		T		U	R		
5	C		S	S		R		L	E			
6	V			S	S	E	L	L				
7	P		R	S		E	N	N				
8	E	S	C		L			R				
9		R	E		L	L		R				
10	C	H										
11	F		N		T	R						
12	R		B		N	E	T					
13	L		V		B	O						
14	C	H		I	S							
15	T		P		S							
16	V		L		T							
17	P	O		L								
18	B		L		I							
19	D	R		P								
20	L		T									

/ 20

En vacances (1)

1. **Notez les jeux de cartes qui vous sont donnés dans le fichier audio n° 27 :**

....

....

....

/ 5

2. **Séparez les jeux qui peuvent se pratiquer seuls de ceux qui nécessitent d'être à 2 ou plusieurs :**

Sudoku ▪ Échecs ▪ Les cartes ▪ Cache-cache ▪ Ballon prisonnier ▪ La corde à sauter ▪ Le trivial poursuit ▪ Le scrabble ▪ Les dames ▪ Mots croisés ▪ Mots fléchés ▪ Ping-pong ▪ Jeu des 7 erreurs ▪ Le solitaire

Seul	À plusieurs

/ 15

3. **Séparez le vocabulaire de la plage, de la campagne et celui de la montagne :**

Ferme ◾ Plage ◾ Algues ◾ Pic ◾ Promenade ◾ Oursin ◾ Transat ◾ Sommet ◾ Se baigner ◾ Champ ◾ Neige ◾ Parasol ◾ Bouée ◾ Escalade ◾ Nager

Mer	Campagne	Montagne

/ 15

4. **Retrouvez dans ces syllabes mélangées 10 verbes représentant les vacances :**

DOR ◾ SE RE ◾ SER ◾ FLÂ ◾ NER ◾ SOM ◾ LER ◾ NO ◾ VI ◾ TER ◾ SI ◾ DE ◾ COU ◾ AD ◾ MI ◾ RER ◾ VRIR ◾ YA ◾ VO ◾ GER ◾ PO ◾ SE PRO ◾ NER ◾ ME ◾ RE ◾ CHER ◾ MIR ◾ CHER

....

....

....

....

/ 10

5. **Retrouvez 10 verbes de ce que l'on peut faire à la plage :**

Bronzer ◆ Nager ◆ Déménager ◆ Faire du ski nautique ◆ Monter ◆ Attraper un coup de soleil ◆ Se déguiser ◆ Recopier ◆ Faire cuire ◆ Faire de la voile ◆ Se reposer ◆ Plonger ◆ Faire des pâtés ◆ Pêcher ◆ Tailler des arbres ◆ Cirer ◆ Encadrer ◆ Balayer ◆ Percer ◆ Se baigner ◆ Opérer

....

....

....

....

....

/ 10

6. **Retrouver 10 mots dans le vocabulaire spécifique de la montagne :**

L'alpinisme ◆ L'herbe ◆ La crevasse ◆ Le sommet ◆ Le four ◆ L'escalade ◆ Les frites ◆ La cime ◆ La cordée ◆ Le skieur ◆ Le sifflet ◆ Le piolet ◆ Le filet ◆ Le remonte-pente ◆ La course ◆ L'épée ◆ La neige ◆ Le regard ◆ Le métro ◆ La transpiration

....

....

....

....

....

/ 10

7. **Retrouver 10 mots dans le vocabulaire spécifique de la campagne :**

La promenade ■ Le champ ■ Le gouffre ■ Le métro ■ La transpiration ■ Le bureau ■ Le journal ■ La ferme ■ Le paysan ■ Le clavier ■ L'album photos ■ Le renard ■ La girafe ■ La sauterelle ■ Le dictionnaire ■ L'étable ■ Le bétail ■ L'astronaute ■ L'écurie ■ Le soleil ■ La meule de foin ■ La pilule ■ L'ambulance ■ Le client ■ La livraison ■ La cheminée

....

....

....

/ 10

8. **Classez le vocabulaire dans le tableau ci-dessous selon qu'il se rapporte à la chasse ou à la pêche :**

Le fusil ■ La cartouche ■ La canne ■ La ligne ■ L'asticot ■ La balle ■ L'hameçon ■ Le chasseur ■ La carabine ■ Le pêcheur ■ Le gibier ■ Le poisson ■ La trace ■ Le piège ■ Le bouchon

Chasse	Pêche

/ 15

Les sentiments, les sensations (1)

1. Barrez l'intrus :

1. La joie ▪ La gaîté ▪ L'allégresse ▪ La tristesse
2. La tristesse ▪ La mélancolie ▪ L'attente
3. L'espérance ▪ La colère ▪ L'espoir
4. La bienveillance ▪ La compréhension ▪ La peur
5. L'amitié ▪ La camaraderie ▪ La pitié
6. Le sang-froid ▪ L'optimisme ▪ L'espoir
7. Le bonheur ▪ La décontraction ▪ La joie
8. La sincérité ▪ La loyauté ▪ La cruauté
9. L'ironie ▪ L'hostilité ▪ La haine
10. L'humour ▪ Le respect ▪ L'ironie
11. La politesse ▪ La courtoisie ▪ Le mépris
12. La tristesse ▪ La méfiance ▪ Le chagrin
13. Le soupçon ▪ La rancune ▪ Le ressentiment
14. La mélancolie ▪ La colère ▪ L'irritation
15. Le désespoir ▪ Le découragement ▪ La nervosité
16. La perfidie ▪ L'insouciance ▪ La tromperie
17. La grossièreté ▪ La vulgarité ▪ La persévérance
18. la volonté ▪ La peur ▪ La détermination
19. La peur ▪ L'ambition ▪ La crainte
20. Le courage ▪ La stupéfaction ▪ L'étonnement

/ 20

2. Reliez les mots avec les sentiments du tableau :

Cœur ▪ Hésitation ▪ Pleurs ▪ Rire ▪ Cri ▪ Larmes ▪ Bouche bée ▪ Oh ! ▪ Tremblement ▪ Point d'interrogation ?

Amour	Joie	Tristesse	Doute	Peur	Surprise

/ 10

3. **Écoutez le fichier audio n° 28 et classez les sentiments dans le tableau.**

Positifs	Négatifs

/ 20

4. **Quel est le sentiment qu'une mère aura toujours pour ses enfants quoi qu'ils puissent faire (on dit d'ailleurs que c'est le plus beau du monde) ?**

....

5. **Retrouvez les sentiments en vous servant des dessins :**

1. La S _ _ _ _ _ _ E

2. La J _ _ E

3. La T _ _ _ _ _ _ E

4. La P _ _ R

5. La C _ _ _ _ E

/ 5

6. **Retrouvez les sentiments en vous servant des définitions données :**

1. Penchant à vouloir faire du mal : M _ _ _ _ _ _ _ _ E
2. Qualité d'une personne franche : F _ _ _ _ _ _ _ E
3. Caractère loyal de quelqu'un : L _ _ _ _ _ E
4. Disposition favorable envers quelqu'un, indulgence : B _ _ _ _ _ _ _ _ _ _ _ E
5. Aptitude à comprendre : C _ _ _ _ _ _ _ _ _ _ _ N

/ 5

7. **Retrouvez les sentiments en remettant les syllabes dans le bon ordre (sachant que tous se terminent par TE) :**

1. DE ▪ TE ▪ LI ▪ FI : ……………………………………………
2. TE ▪ AN ▪ XIE : ……………………………………………
3. ME ▪ CE ▪ TE ▪ CHAN : ……………………………………………
4. GA ▪ TE ▪ VUL ▪ RI : ……………………………………………
5. TE ▪ LO ▪ YAU : ……………………………………………
6. NI ▪ TE ▪ VA : ……………………………………………
7. TE ▪ SI ▪ VO ▪ NER : ……………………………………………
8. TA ▪ BRU ▪ TE ▪ LI : ……………………………………………
9. HOS ▪ TI ▪ TE ▪ LI : ……………………………………………
10. TI ▪ DI ▪ MI ▪ TE : ……………………………………………

/ 10

8. **Retrouvez 20 sentiments en séparant les mots liés :**

P r u d e n c e m é f i a n c e s a g e s s e d i s c r é t i o n c o n f i a n c e f i d é l i t é f r a n c h i s e f i e r t é d i g n i t é m o r a l i t é h o s t i l i t é m é p r i s h u m o u r r e s p e c t é g o ï s m e a v a r i c e i n t o l é r a n c e n e r v o s i t é n o s t a l g i e p e s s i m i s m e .

……………………………………………………………………

……………………………………………………………………

……………………………………………………………………

……………………………………………………………………

……………………………………………………………………

/ 20

1. Retrouver des maladies en complétant les voyelles manquantes :

S	C		R	L		T	I	N	
C		Q	U		L		C	H	E
R	H		M	A	T	I	S	M	E
V		R		C	E	L	L		
P	N	E		M	O	N	I		
B	R		N	C	H		T	E	
I	N	F		R	C	T		S	
R		U	G			L	E		
S		N	U	S	I	T			
J		U	N		S	S	E		
R		S	E		L				
T		T		N	O	S			
M	A	L		R		A			
D	I		B		T				
	S	T	H	M					
C		N	C		R				
G	R		P	P	E				
R	H		M	E					
S		D							
Z		N	A						

/ 20

2. **Associez le spécialiste et le terme qui lui correspond :**

La sage-femme •	• La peau
Le chirurgien •	• Les dents
Le radiologue •	• Les médicaments
Le pharmacien •	• L'opération
Le cardiologue •	• L'accouchement
Le kinésithérapeute •	• Les veines
Le phlébologue •	• Le pied
Le dermatologue •	• La radio
Le podologue •	• Le massage
Le dentiste •	• Le cœur

/ 10

3. **Cherchez l'intrus et expliquez pourquoi :**

1. La carie ◆ l'extraction ◆ le fil dentaire ◆ la tuberculose ◆ l'inflammation des gencives

....

....

....

/ 2

2. La rougeole ◆ la scarlatine ◆ la grippe ◆ la roséole ◆ les oreillons ◆ la coqueluche

....

....

....

/ 2

4. Utilisez le vocabulaire du fichier audio n° 29 pour compléter les phrases :

1. Il soigne les enfants : le ....
2. Il s'occupe des articulations et des os, familièrement on l'appelle le rhumato : le r ....
3. Il s'occupe de l'appareil génital de la femme et familièrement on l'appelle le gynéco : le ....
4. Familièrement on dit l'oto-rhino ; sa spécialité concerne les oreilles, le nez, le larynx et la gorge : l'..
5. Il s'occupe de la grossesse et de l'accouchement : l'..
6. Il va soigner les allergies : l' ....
7. Il s'occupe des problèmes de peau et familièrement on l'appelle le dermato : le ....
8. C'est lui le spécialiste du cœur : le ....
9. Il s'occupe du foie : l' ....
10. C'est le spécialiste du système nerveux et de ses maladies : le ....
11. Familièrement on dit le psy. C'est un spécialiste des maladies mentales et troubles psychologiques : le ....
12. Il s'occupe des troubles des veines : le ....
13. C'est lui qui s'occupe des problèmes dentaires : le ....
14. Il soigne les animaux : le ....
15. C'est le médecin spécialisé pour les expertises légales : le ....

/ 15

5. **Recherchez 13 mots (dont 9 verbes) en relation avec la maladie dans le cadre suivant. Les noms peuvent se lire de haut en bas, de bas en haut, de droite à gauche ou de gauche à droite. Avec les lettres restantes, retrouvez un quatorzième élément.**

	1	2	3	4	5	6	7	8	9	10
1	M	A	L	A	D	I	E	T	C	T
2	C	D	O	U	L	E	U	R	O	R
3	O	T	O	U	S	S	E	R	N	A
4	N	B	L	E	S	S	E	R	T	N
5	T	P	L	Â	T	R	E	R	A	S
6	A	R	I	R	E	U	G	O	M	P
7	G	P	I	L	U	L	E	X	I	I
8	I	O	P	E	R	E	R	U	N	R
9	O	R	E	N	G	I	O	S	E	E
10	N	S	O	U	F	F	R	I	R	R

Horizontal	Vertical
1.	1. ....
2.	....
3.	....
4.	Il reste : ....
5.	
6.	
7.	
8.	
9.	
10.	

/ 14

Les médias, la communication

1. **Répondre aux questions en choisissant entre les 2 propositions :**

1. Quel nom d'oiseau donne-t-on familièrement à un journal ?

   ☐ un canard ☐ un dindon

2. Comment nomme-t-on un journal qui paraît chaque jour ?

   ☐ un magazine ☐ un quotidien

3. Comment nomme-t-on un magazine qui paraît chaque mois ?

   ☐ un mensuel ☐ un moyen

4. A quelle heure le journal télévisé du soir commence-t-il ?

   ☐ à 20 heures ☐ A 19 heures

5. Comment se nomme le journaliste chargé de récolter les informations ?

   ☐ le reporter ☐ le périodiste

/ 5

2. **Retrouver dans cette liste de mots liés 15 mots en rapport avec les médias :**

Radioauditeurémissionprogrammeretran smissionmodulationdefréquencetélévision télécommandeécranantennetéléspectateu rjournalreportagejournalisteinformation.

....

....

....

....

/ 15

3. Classer le vocabulaire du fichier audio n° 30 dans la bonne colonne (certains mots peuvent se retrouver dans plusieurs colonnes) :

Radio	Télévision	Presse

/ 20

4. Trouver le bon mot d'après la définition :

1. C'est moi qui présente le journal télévisé :
   P _ _ _ _ _ _ _ _ _ R
2. Souvent on utilise le mot « télé » pour parler de moi :
   le T _ _ _ _ _ _ _ _ R
3. Je peux être quotidien ou hebdomadaire :
   le J _ _ _ _ _ L
4. Je suis sur le toit pour bien capter les émissions :
   l'A _ _ _ _ _ E
5. Je suis la personne qui écoute la radio :
   l'A _ _ _ _ _ _ R

/ 5

1. Répondre aux questions en choisissant entre les 2 propositions :

1. De quelle matière légère sont faits les tutus de danse ?
   - ☐ de tulle ☐ de satin
2. Comment se nomme le cocktail donné le 1er jour d'une exposition de peinture ?
   - ☐ le vernissage ☐ le vernis
3. Pour peindre, l'artiste pose sa toile sur...
   - ☐ une table ☐ un chevalet
4. Quel est le verbe qui correspond au nom « la sculpture » ?
   - ☐ sculpter ☐ sculpturer
5. Quel est le contraire de la comédie ?
   - ☐ la tragédie ☐ la tragi-comédie

/ 5

2. Notez ci-dessous les mots qui ont un rapport avec les arts et qui sont mentionnés dans fichier audio n° 31 :

....

....

....

....

....

....

....

/ 15

3. **Rangez les mots suivants dans les bonnes cases :**

Trompette ▪ Aquarelle ▪ Tableau ▪ Pointes ▪ Caméra ▪ Scénario ▪ Chorégraphie ▪ Acteur ▪ Guitare ▪ Film ▪ Orchestre ▪ Valse ▪ Refrain ▪ Musée ▪ Exposition ▪ Ballet ▪ Peintre ▪ Star ▪ Concert ▪ Chanteur

Musique	Cinéma	Peinture	Danse	Chant

/ 20

4. **Retrouvez 5 danses en utilisant les syllabes données :**

CHA SLOW BLE SE TAN PA DO SO CHA GO VAL

....

....

/ 5

5. **Classez ces instruments dans le tableau suivant :**

Guitare ▪ Flûte ▪ Mandoline ▪ Tambour ▪ Grosse caisse ▪ Trompette ▪ Piano ▪ Cornemuse ▪ Tam-Tam ▪ Castagnettes ▪ Orgue ▪ Accordéon ▪ Violon ▪ Triangle ▪ Violoncelle ▪ Trombone ▪ Xylophone ▪ Contrebasse ▪ Ukulélé ▪ Flûte traversière

Vent	Cordes	Percussion

/ 20

6. Barrez l'intrus qui n'a pas de rapport avec la danse :

1. Chausson — Justaucorps — Chemise
2. Grand écart — Valise — Jeté
3. Pointes — Marteau — Ballet
4. Étoile — Partenaire — Équipier
5. Pas de deux — Orchestre — Variation

/ 5

19 Les collections de mots

Les mots peuvent se regrouper suivant un **thème** (ex. : le sport) qui comportera des **sous-groupes** (ou des collections de mots) comme :

– les sports individuels (le saut en hauteur, le lancer du poids, le triple saut...),
– les sports d'équipe (le basket-ball, le hand-ball, le rugby, le football...),
– les sports de combat (karaté, judo, aïkido...),
– du vocabulaire général : les jeux olympiques, les médailles, le trophée, la compétition,
– des verbes : concourir, se battre, gagner, lutter...

1. **Recopiez les mots qui n'évoquent pas le thème des animaux :**

La fleur ▪ Le chien ▪ L'arbre ▪ Le zèbre ▪ La souris ▪ Le théâtre ▪ L'ours ▪ Le chat ▪ Le chimpanzé ▪ Le fauteuil ▪ Le singe ▪ Le lion ▪ Les semelles ▪ Le manteau ▪ Le zébu ▪ La liste ▪ L'olivier ▪ Le ouistiti ▪ Le journal ▪ Le poussin ▪ La poule ▪ Le livre

....

....

/ 10

2. **Supprimez les mots qui n'évoquent pas le thème des vacances :**

La sieste ▪ Le travail ▪ Le patron ▪ Le repos ▪ Les congés ▪ Le rapport ▪ La réunion ▪ La promenade ▪ Le syndicat ▪ La grève ▪ L'opposition ▪ La plage ▪ La chaise-longue ▪ L'échec ▪ Le souci ▪ L'anorak

....

....

/ 10

3. Cochez les 15 mots qui évoquent le thème de l'école :

☐ Le professeur	☐ Le facteur	☐ La note
☐ Le tableau	☐ Le devoir	☐ La dictée
☐ Le fauteuil	☐ Le cahier	☐ La joie
☐ Le journal	☐ Le dictionnaire	☐ La jetée
☐ La poule	☐ Le manuel	☐ Le jardin
☐ L'exposé	☐ Le crayon	☐ La boutique
☐ L'araignée	☐ La règle	☐ La rose
☐ La marée	☐ Le classement	☐ Le calcul
☐ La rédaction	☐ Le bureau	☐ Le vélo

/ 15

4. Écoutez le fichier audio n° 32 et classez les mots dans la bonne colonne du tableau ci-dessous :

Villes	Fleurs	Mer	Musique

/ 20

Les mots qui se ressemblent

Certains mots (qui ne sont pas des homonymes) se ressemblent beaucoup à l'audition et peuvent prêter à confusion. Parfois, l'orthographe est proche mais le sens est bien différent (ex. : accident et incident).

Compléter la phrase en choisissant le mot qui convient :

1. Viser – visser
   – Cela tiendra bien : j'ai .... de toutes mes forces.
   – Je crois qu'il a .... juste : il a mis en plein dans le mille !

2. Vénéneux – venimeux
   – Attention ! Ce champignon est ....
   – La vipère est un serpent qui est ...., contrairement à la couleuvre.

3. Attention – intention
   – Fais bien .... à ce que je te dis car c'est très important.
   – Mon .... n'était pas de lui faire du mal. Je suis désolé !

4. Pédale – pétale
   – Les .... de cette fleur sont absolument magnifiques !
   – La .... de mon vélo est bloquée. Peux-tu m'aider ?

5. Altitude – attitude
   – Le Mont blanc : 3 810 mètres. Je ne suis jamais monté à une telle .... !
   – Son .... face à moi a été particulièrement grossière.

6. Émigrer – immigrer
   – Je ne supporte vraiment plus de vivre dans ce pays. Je songe sérieusement à .... au Canada.

   – .... signifie venir se fixer dans un pays qui est étranger au sien.

7. Irruption – éruption
   – Il a fait .... dans la pièce de manière inattendue et en faisant grand bruit.

   – L'.......................... du volcan s'est déroulée cette nuit mais il n'y a pas eu de gros dégâts.

8. Réussir – réunir
   – Cette fête de famille a .... plus de trente personnes.

   – Il a .... son examen avec plus de 14 de moyenne. Bravo !

9. Collation – collision
   – Nous prendrons une légère .... à 10 heures.

   – Cette .... entre la voiture et la moto a fait un blessé.

10. Embrasser – embraser – embarrasser
   – N'oublie pas de venir m'.......................... avant de t'en aller.

   – Je ne comprends pas qu'il soit .... par cette question. Il a la possibilité de ne pas y répondre.

   – Le feu était d'une extrême violence. Les pompiers m'ont dit que tout s'est .... d'un seul coup.

/ 20

21 Les homonymes (1)

Les homonymes sont des mots qui se prononcent de la même manière mais qui ont le sens et l'orthographe différents.

1. **En utilisant les dessins écrivez en dessous de chaque image le nom des homonymes suivants :**

1. a. Le ....

b. La ....

6

2. a. ....

b. La ....

3. a. Le ....

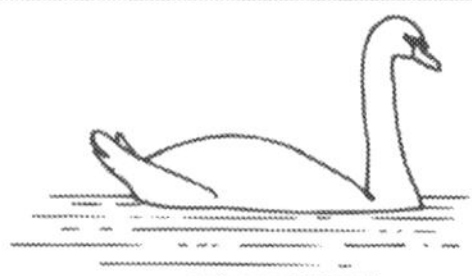

b. Le ....

4. a. Le ....

b. Le ....

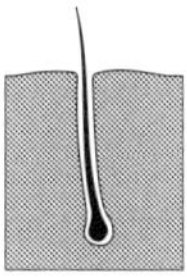

5. a. Le ....

b. Le ....

6. a. Le ....

b. Le ....

7. a. Le ....

b. Le ....

8. a. Le ....

b. Le ....

9. a. L'..............................

b. L'..............................

10. a. La ....

b. Le ....

/ 20

2. **Complétez la phrase en choisissant le mot qui convient :**

1. mâle, malle
   - Je te dis que ce n'est pas une femelle mais un ....
   - Regarde, la jolie .... que je viens d'acheter au marché aux puces.

2. rat, raz
   - Ce fut un véritable .... de marée.
   - Je n'aime ni les .... ni les souris.

3. teint, thym
   - Crois-tu que je doive rajoute du .... dans la sauce ?
   - Elle a vraiment un joli ....

4. elle, aile
   - Je rêverais d'avoir des .... pour voler comme les oiseaux.
   - Tu veux aller au cinéma mais ...., pas du tout.

5. sain, saint, sein
   - Cette femme a des .... superbes.
   - Il s'en est sorti .... et sauf.
   - Cet homme est adorable : c'est un véritable ....

6. ut, hutte
   - Il vit dans une toute petite ....
   - .... est un synonyme de la note « do ».

7. roux, roue
   - Tout le monde sait qu'une voiture a quatre ....
   - Elle a de magnifiques cheveux ....

8. saut, sot
   – Je le trouve vraiment très .... ce garçon !
   – La danseuse vient d'exécuter un .... de biche.

9. près, prêt
   – Il n'est pas .... pour faire cet achat.
   – Ce magasin est tout .... de la poste.

10. cor, corps
   – Je trouve que cette fille a un .... superbe.
   – Connais-tu cet instrument de musique ?
   C'est un ....

/ 20

3. **Dictée : Écoutez le fichier audio n° 33 et écrivez les phrases dictées en faisant particulièrement attention à l'orthographe des homonymes :**

1. a. .... b. ....
2. a. .... b. ....
3. a. .... b. ....
4. a. .... b. ....
5. a. .... b. ....
6. a. .... b. ....
7. a. .... b. ....
8. a. .... b. ....
9. a. .... b. ....
10. a. .... b. ....

/ 20

Les synonymes (1)

Les homonymes sont des mots qui ont un sens très voisin ou semblable.

1. Dans les listes suivantes, barrez l'intrus des mots synonymes :

1. Visage — Face — Coiffure — Figure

2. Démodé — Désuet — Moderne

3. Mignon — Beau — Joli — Affreux

4. Blessure — Nez — Plaie

5. Bois — Boisson — Forêt

6. Foulard Écharpe Chaussure

7. Bague Anneau Collier

8. Chapeau Jupe Robe

9. Plat Assiette Vélo

10. Main Canapé Sofa

/ 10

2. **Complétez le tableau avec le synonyme qui convient :**

Austère ▪ Navire ▪ Méprise ▪ Désavantage ▪ Équivalent ▪ Réveil ▪ Affreux ▪ Vilain ▪ Incroyable ▪ Prématuré ▪ Crépuscule ▪ Guérison ▪ Métamorphose ▪ Rapide ▪ Destin ▪ Panneau ▪ Veste ▪ Approximativement ▪ Prunelle ▪ Préoccupation

Bateau	
Sévère	
Inconvénient	
Invraisemblable	
Malentendu	
Montre	
Pupille	
Rétablissement	
Souci	
Synonyme	
Transformation	
Veston	
Preste	
Méchant	
Horrible	
Précoce	
Environ	
Écriteau	
Destinée	
Tombée du jour	

/ 20

3. **Reliez les verbes entre eux afin de trouver un synonyme :**

Exaucer •	• Pencher
Écraser •	• Répéter
Céder •	• Malmener
Accoucher •	• Alimenter
Engraisser •	• Enfanter
Garder •	• Capituler
Incliner •	• Aplatir
Maltraiter •	• Satisfaire
Nourrir •	• Gaver
Redire •	• Détenir

/ 10

4. **Retrouvez 10 mots et leurs synonymes que vous écrirez par paire :**

Refaire • Saint • Séjourner • Sacré • Recommencer • Demeurer • Semblable • Identique • Semer • Ensemencer • Symptôme • Distraire • Lointain • Carrefour • Signe • Croisement • Ami • Divertir • Camarade • Distant

....

....

....

....

....

....

/ 10

23 Les préfixes

Le préfixe est un élément qui se place au début d'un mot et en modifie le sens. Ex. : Dire, médire (dire du mal de quelqu'un), redire (dire à nouveau), etc.

1. **Placez, suivant le sens, dans la colonne appropriée (de = le contraire du mot, ex. : défaire # faire).**

Déranger • défriser • défoncer • déplacer • démarrer • dénoncer • dérouler • (se) dépêcher • déboutonner • décoiffer • déballer • décrire • débrayer • déconseiller • dégrader • décontracter • déplier • dépouiller • décharger • dessiner.

DE = contraire du mot	N'a rien à voir avec le mot

/ 20

2. **Isoler le préfixe de chaque mot cité dans le fichier audio n° 34 (Ex. : im-pair) :**

1. .... 2. ....
3. .... 4. ....
5. .... 6. ....
7. .... 8. ....
9. .... 10. ....
11. .... 12. ....
13. .... 14. ....
15. .... 16. ....
17. .... 18. ....
19. .... 20. ....

/ 20

3. **Suivant la signification du préfixe classez les mots en colonne :**

Polygone ▪ Biplan ▪ Tricycle ▪ Polyglotte ▪ Bigame ▪ Trimaran ▪ Incapable ▪ Inattendu ▪ Polyphonie ▪ Bilingue ▪ Inamovible ▪ Polyvalent ▪ Bimoteur ▪ Inaccoutumé ▪ Bipède ▪ Inutile ▪ Bicolore ▪ Polygamie ▪ Trilingue ▪ Bicentenaire

Plusieurs	Deux	Trois	.... = Pas (Privatif)

/ 20

24 Les suffixes

Le suffixe est un élément qui s'ajoute à la racine d'un mot pour constituer un mot nouveau.

1. Cochez l'intrus :

1. ☐ froid ☐ frais ☐ fraîcheur
2. ☐ mystère ☐ myopie ☐ mystérieux
3. ☐ mentir ☐ menhir ☐ menteur
4. ☐ chèvre ☐ chevreau ☐ chevelu
5. ☐ pomme ☐ pommeau ☐ pommier
6. ☐ gui ☐ guide ☐ guidon
7. ☐ sale ☐ saleté ☐ salle
8. ☐ passion ☐ passivité ☐ passionnant
9. ☐ faire ☐ faible ☐ faiblesse
10. ☐ fin ☐ finaliste ☐ finance

/ 10

2. Retrouvez le bon commerce que vous pouvez trouver en ville pour compléter chaque ligne :

1. On y vend la viande : la .... RIE
2. On y vend des gâteaux : la ....RIE
3. On y vend le pain : la .... RIE
4. On y vend des bijoux : la .... RIE
5. On y vend le nécessaire pour coudre ou tricoter :
   la .... RIE

/ 5

3. **En partant du verbe donné, complétez le tableau suivant :**

Verbe	Nom	Adjectif ou adverbe ou participe
Chauffer		
Boire		
Finir		
Affirmer		
Réagir		
Crier		
Compter		
Vérifier		
Offrir		
Nettoyer		

/ 20

4. **Écoutez le fichier audio n° 35 et transformez les mots donnés en formant des adverbes :**

1. P ....
2. L ....
3. P ....
4. E ....
5. L ....
6. P ....
7. C ....
8. G ....
9. S ....
10. J ....

/ 10

Les antonymes

L'antonyme est un mot qui a un sens opposé à un autre mot.
Ex. : gentillesse # méchanceté.

1. **Écoutez le fichier audio n° 36 et choisissez le contraire du mot écrit :**

1. Gros : ....
2. Grand : ....
3. Clair : ....
4. Fort : ....
5. Simple : ....
6. Joyeux : ....
7. Laid : ....
8. Facile : ....
9. Peur : ....
10. Adroit : ....
11. Raconter : ....
12. Impatience : ....

/ 12

2. **Reliez par 2 le mot et son contraire :**

Blanc ▪ Haut ▪ Dedans ▪ Rêve ▪ Cauchemar ▪ Sec ▪ Sale ▪ Mouillé ▪ Propre ▪ Sucré ▪ Dehors ▪ Froid ▪ Monter ▪ Mauvais ▪ Descendre ▪ Bon ▪ Noir ▪ Chaud ▪ Salé ▪ Bas

....

....

/ 20

3. En vous servant des dessins, donnez le mot et son contraire :

.... # ....

.... # ....

.... # ....

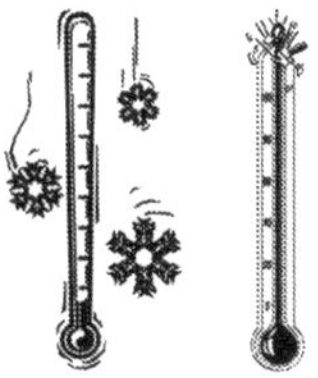

.... # ....

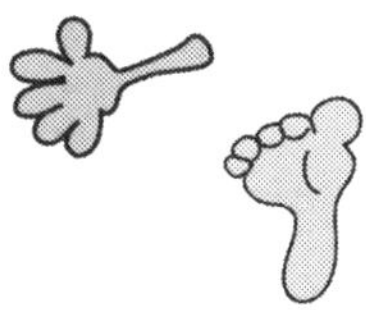

.... # ....

.... # ....

.... # ....

.... # ....

.... # ....

.... # ....

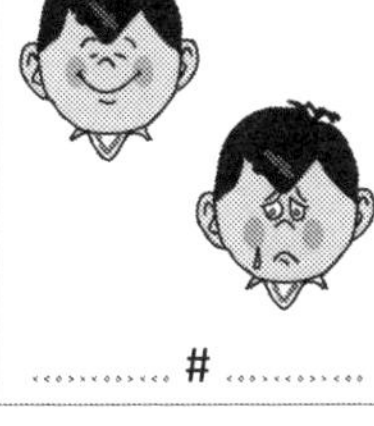

.... # ....

.... # ....

/ 24

Sens propre et sens figuré (1)

1. Complétez les expressions en vous servant des explications données :

1. Ne pas savoir et demander la réponse c'est « donner sa langue au .... ».
2. Énerver quelqu'un c'est « le mettre en .... ».
3. En avoir assez peut se dire « en avoir plein .... ».
4. Lorsque l'on dort lourdement on « dort sur ses deux .... » ou bien « on dort à poings .... ».
5. Lorsque l'on est dans une situation difficile on dit que l'on est « dans de beaux .... ».
6. Il voyage énormément dans divers pays se dit « il voyage aux quatre .... ».
7. Elle lui a fait beaucoup de peine peut se dire « elle lui a brisé le .... ».
8. Ils ont fait des rêves irréalisables. On dit « qu'ils ont construit des châteaux en .... ».
9. Partir en courant c'est « prendre ses jambes à son .... ».
10. Lorsque l'on est débrouillard on dit : « ne pas avoir les deux pieds dans le même .... ».
11. Lorsque c'est très lourd : on dit que « ça pèse une .... ».
12. Il est triste : on dit qu'il a « le .... ».
13. Elle parle beaucoup : « elle a la langue bien .... ».
14. Il ne sait pas se taire. On dit qu'il ne sait pas « tenir sa .... ».
15. Quand quelqu'un dit des méchancetés, on dit qu'il « a une langue de .... ».

/ 15

2. **Écoutez le fichier audio n° 37 et inscrivez dans le tableau la bonne expression en face de chaque phrase :**

	En avoir assez
	S'évanouir
	Ne pas être adroit
	Connaître parfaitement
	Être très maigre
	Tout doucement
	Être radin
	Éprouver de grandes difficultés devant un petit obstacle
	Pleuvoir très fort
	Avancer avec précaution
	Ne pas voir la supercherie
	Avoir de nombreuses possibilités
	Être très généreux
	Se fâcher
	Dormir profondément

/ 15

3. **Complétez l'expression en choisissant la bonne formule :**

1. Ne pas tourner .... rond / carré
2. Avoir le cœur sur .... la main / le pied
3. Avoir les yeux plus gros que .... le ventre / la bouche
4. Prendre la main dans .... le sac / le pantalon (prendre sur le fait)
5. Faire entrer le loup dans .... la maison / la bergerie

/ 5

4. **Dites si le mot est employé au sens propre ou au sens figuré :**

1. CHEVEU

   Il a un cheveu sur la langue : sens ....

   Elle a de magnifiques cheveux : sens ....

2. DÉVORER

   Il dévora des yeux la jolie fille qui passait : sens ....

   Il a dévoré son sandwich en deux minutes : sens ....

3. DRAPS

   J'ai acheté une nouvelle paire de draps fleuris : sens ....

   Elle se trouve dans de beaux draps : sens ....

4. OIGNONS

   Elle nous a cuisiné un rôti aux petits oignons : sens ....

   Il nous a concocté cela aux petits oignons : sens ....

5. PANIER

   Sa femme est un véritable panier percé : sens ....

   Je viens d'acheter un nouveau panier pour faire mon marché : sens ....

6. NAGER

   C'est quelqu'un qui nage en eau trouble : sens ....

   J'adore nager le matin à la plage : sens ....

7. CRABE

C'est un véritable panier de crabes : sens ....

Il n'y a pas de crabes sur cette plage : sens ....

8. BAIN

Il est déjà dans le bain : il a tout compris : sens ....

Nous allons prendre un bain cet après-midi : sens ....

9. MOUCHE

Il y a une mouche qui ne cesse de m'embêter : sens ....

Elle a prit la mouche et depuis, elle fait la tête : sens ....

10. CROQUER

Elle est belle à croquer : sens ....

Je viens de croquer une pomme : sens ....

11. FIL

Elle utilise un fil doré pour broder : sens ....

Il a perdu le fil de la conversation : sens ....

12. BRAS

Ça lui est resté sur le bras : sens ....

Regarde les muscles de ses bras : sens ....

/ 24

Sens propre et sens figuré (3)

5. Trouvez le bon sens et cochez la phrase exacte :

1. Donner du fil à retordre :
   - ☐ Poser des problèmes
   - ☐ Trouver des solutions.
2. Ça a fait un carton :
   - ☐ C'est une véritable réussite
   - ☐ Ça ne va pas durer longtemps
3. Connaître par cœur :
   - ☐ Connaître parfaitement
   - ☐ Ne pas bien connaître
4. Mettre les pieds dans le plat :
   - ☐ Parler de quelque chose de gênant
   - ☐ Viser juste
5. Faire des pieds et des mains :
   - ☐ Essayer de se libérer
   - ☐ Se démener pour réussir quelque chose

/ 5

6. Écoutez le fichier audio n° 38 et cochez la bonne réponse :

	V	F		V	F
1.	☐	☐	6.	☐	☐
2.	☐	☐	7.	☐	☐
3.	☐	☐	8.	☐	☐
4.	☐	☐	9.	☐	☐
5.	☐	☐	10.	☐	☐

/ 10

7. **Complétez les expressions à l'aide des images :**

1. En avoir gros sur le ....

2. Avoir une faim de ....

3. Ne pas casser 3 pattes à un ....

4. Dormir sur ses 2 ....

5. Ne pas avoir les deux pieds dans le même ....

6. Chercher midi à ....

7. Mener par le bout du ....

8. Être malin comme un ....

/ 8

Les mots composés

1. Écoutez le fichier audio n° 39 et cochez les mots composés entendus :

- ☐ garde-fou
- ☐ mise à pied
- ☐ mise à prix
- ☐ chausse-pied
- ☐ aller-retour
- ☐ couvre-lit
- ☐ face à face
- ☐ porte-fenêtre
- ☐ demi-tarif
- ☐ presse-fruits

/ 5

2. Complétez les phrases en utilisant le vocabulaire donné :

Lave-Vaisselle • Porte-fenêtre • Demi-heure • Libre-service • Cache-cache • Porte-serviette • Ping-pong • Pique-nique • Pare-brise • Casse-cou

1. J'adore jouer à .... avec mes amis.
2. Dimanche nous irons tous faire un .... en famille.
3. S'il te plaît, débarrasse et mets tout dans le ....
4. Cet enfant ne tient pas en place. C'est un véritable ....
5. Viens, nous allons jouer au ....
6. Peux-tu ouvrir cette .... en grand ?
7. Le .... de notre voiture a été complètement détruit.
8. Il est parti il y a juste une ....
9. Il y a un .... dans la salle de bains.
10. Dans ce magasin tout est en ....

/ 10

3. Retrouvez des mots composés après avoir observé les indices :

1. T _ _ E-
B _ _ _ _ N

2. A _ C-en-
C _ _ L

3. G _ _ _ D-
P _ _ E

4. A _ _ O-S _ _ P

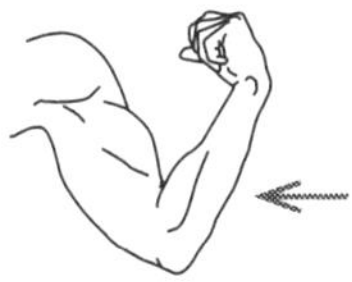

5. A _ _ _ T-
B _ _ S

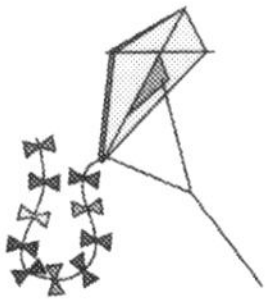

6. C _ _ F-
V _ _ _ _ T

7. G _ _ _ _ E-
C _ _ L

8. S _ _ _ E-
C _ _ _ _ _ X

9. S _ _ _ _ _ N-
G _ _ _ E

10. N _ _ _ _ _ U-
NÉ

11. L _ _ _ _ E-
V _ E

12. C _ _ _ _ E-
S _ _ _ _ S

/ 12

Les différents types de langage

Selon la situation dans laquelle on se trouve dans la vie, le langage n'est pas le même.

1. **Écoutez le fichier audio n° 40 et transformez les phrases suivantes en langage moins familier :**

1. Il en a plein les bottes : il ....
2. Ne te goure pas : ne te ....
3. Quelles drôles de fringues il a ! Il a ....
4. Ferme ton clapet : ....
5. J'en ai marre de faire le poireau : J'en ai ....
6. Il est complètement crevé : Il est ....
7. Vise-moi ce mec : ....
8. Ce qu'ils ont fait est complètement dingue : ....
9. Il est zinzin : Il est ....
10. File-moi un coup de main, s'il te plaît : ....
11. Elle me gonfle : Elle me ....
12. La ferme ! : ....
13. Il a du bol : Il a de la ....
14. File-moi les médocs : ....
15. Tu dois faire gaffe : tu dois faire ....
16. Quel boucan ! : Quel ....
17. Grouille-toi ! : ....
18. La bagnole est un vieux modèle : ....
19. Elle me fait marrer : ....
20. Elle est moche : ....

/ 20

2. Reliez les mots en langage courant et en langage recherché :

Abîmer ▪ Faire gaffe ▪ Faire attention ▪ C'est fou ▪ Faire le poireau ▪ Aider ▪ Donner un coup de main ▪ C'est dingue ▪ bousiller ▪ Attendre

Langage courant	Langage recherché
....	....
....	....
....	....

/ 5

3. Retrouvez le nom courant qui correspond :

1. La menotte : ....
2. Le peton : ....
3. Le matou : ....
4. Le clébard : ....
5. La quenotte : ....

/ 5

4. Trouver la bonne explication :

1. Il est gonflé :
   - ☐ il a du culot
   - ☐ il est peureux
2. Il a levé le pied :
   - ☐ il a un peu ralenti
   - ☐ il a foncé
3. Ces fringues sont super
   - ☐ ces vêtements sont très beaux
   - ☐ ces vêtements sont horribles
4. Elle regarde sa mimine
   - ☐ elle regarde son ventre
   - ☐ elle regarde sa main
5. Nous avons fait le poireau toute la matinée
   - ☐ nous avons attendu
   - ☐ nous avons lu

/ 5

Les mots étrangers

Le français est une langue vivante qui, de ce fait, évolue avec le temps. De nombreux mots sont issus du latin ou du grec mais bien d'autres mots d'origine étrangère font maintenant partie du vocabulaire courant français. Ex. : Aqueduc, patio, tee-shirt…

1. **Écoutez le fichier audio n° 41 et inscrivez ci-dessous uniquement les mots d'origine anglaise :**

....

....

....

....

/ 10

2. **Certaines expressions latines n'ont pas changé. Associez la locution latine avec sa signification pour compléter le tableau suivant :**

Le sort en est jeté ◾ La loi est dure mais c'est la loi ◾ À la fin ◾ À volonté ◾ Ainsi de suite ◾ Automatiquement ◾ Se dit d'une personne que l'on ne souhaite pas ◾ Profite du jour présent

Ad libitum	
Ipso facto	
Et cætera	
Alea jacta est	
Carpe diem	
Dura lex sed lex	
In fine	
Persona non grata	

/ 8

3. **Donnez la traduction française de ces expressions courantes :**

Low coast : ....

Night club : ....

/ 2

4. **Observez les mots suivants et ne recopiez que ceux qui sont d'origine espagnole :**

Patio • Judo • Nickel • Catamaran • Agneau • Lame • Torero • Jambon • Cerise • Balcon • Flamenco • Picador • Bermuda • Corrida • Moka • Pizzeria

....

/ 5

5. **Classez les mots suivants dans le tableau pour indiquer leur provenance :**

Feria • Vasistas • Judo • Goulag • Bonzaï • Merguez • Paella • Geisha • Matador • Méchoui • Picador • Cannelloni • Blinis • Patio • Karaté • Muleta • Tzar • Nickel • Mirador • Soprano

Espagnol	Allemand	Russe	Japonais	Italien	Arabe

/ 20

Les proverbes

1. **Lisez les phrases ci-dessous et, afin de former des proverbes, complétez-les après avoir écouté le fichier audio n° 42.**

1. Après les problèmes, les choses vont mieux : « Après la pluie, le beau .... ».
2. On trouve toujours une excuse à ce que l'on veut faire : « Qui veut tuer son chien, l'accuse de la .... ».
3. Les choses se font lentement : « Petit à petit l'oiseau fait son .... ».
4. Il ne faut pas se réjouir de quelque chose avant de l'avoir obtenu : « Il ne faut pas vendre la peau de l'ours avant de l'avoir .... ».
5. Il ne faut jamais sombrer dans le désespoir, il y a toujours une solution : « Tant qu'il y a de la vie, il y a de l'........................ ».
6. Il faut toujours avoir une solution de rechange pour le cas où ça ne marcherait pas : « Il faut garder une poire pour la .... ».
7. Il faut faire attention à ce que l'on a pour que personne ne s'approprie notre bien : « Qui va à la chasse perd sa .... ».
8. A force d'insister, on peut tout faire rater : « Tant va la cruche à l'eau qu'à la fin elle se .... ».
9. Lorsque l'on sait les choses à l'avance, on est beaucoup plus prudent : « Un homme averti en vaut .... ».
10. Plus on en a, plus on veut avoir : « L'appétit vient en .... ».
11. Ce n'est pas sur l'apparence qu'il faut juger les gens : « L'habit ne fait pas le .... ».
12. Il peut arriver bien des événements entre un projet et sa réalisation : « Il y a loin de la coupe aux .... ».

/ 12

2. Écoutez le fichier audio n° 43 et choisissez entre les deux termes proposés pour compléter le proverbe :

1. La nuit porte ....
2. L'occasion fait ....
3. Mieux vaut tard que ....
4. Qui s'y frotte ....
5. Qui vole un œuf ....
6. Le soleil luit ....
7. Tel père tel ....
8. Toute peine mérite ....
9. A cœur vaillant ....
10. Chat échaudé craint ....

/ 10

3. Complétez les proverbes ou dictons suivants (un seul mot) :

1. Il n'y a pas de fumée sans ....
2. Mieux vaut être seul que mal ....
3. Quand on parle du loup on en voit la ....
4. Mieux vaut prévenir que ....
5. Faute avouée est à moitié ....
6. On ne fait pas d'omelette sans casser d'..........
7. Ce n'est pas aux vieux singes que l'on apprend à faire la ....
8. L'habit ne fait pas le ....
9. La fin justifie les ....
10. Qui peut le plus peut le ....

/ 10

Correction

1 En ville

1. Fichier audio n° 1
Cette conversation a lieu à la poste.

2. **Barrez les intrus que vous ne trouverez pas en ville :**
Zèbre ▪ Poirier ▪ Lion ▪ Serpent ▪ Crocodile

3. **Retrouvez 20 mots dans cette liste de mots liés :**
Piscine ▪ Cimetière ▪ Vitrine ▪ Lampadaire ▪ Policier ▪ Magasin ▪ Hypermarché ▪ Fontaine ▪ Gare ▪ Boutique ▪ Client ▪ Circulation ▪ Boucherie ▪ Bibliothèque ▪ Coiffeur ▪ Piéton ▪ Pont ▪ Embouteillage ▪ Restaurant ▪ Feu tricolore

4. Fichier audio n° 2 : **Magasins cités :**
Le supermarché ▪ La pâtisserie ▪ Le cordonnier ▪ La boulangerie ▪ Le marchand de journaux

5. **Retrouvez en complétant les voyelles manquantes 5 éléments se trouvant en ville :**
1. La place ▪ 2. La rue ▪ 3. La mairie ▪ 4. Le magasin ▪ 5. Le supermarché

2 Les métiers

1. **Dans le tableau suivant, faire correspondre les métiers avec le vocabulaire proposé :**

Charcutier	Boudin, jambon
Professeur	Tableau, cahier
Coiffeur	Peigne, sèche-cheveux
Avocat	Jugement
Acrobate	Cirque
Peintre	Pinceau
Mécanicien	Moteur
Maçon	Construction
Pharmacien	Médicaments
Maître-nageur	Maillot de bain

2. Fichier audio n° 3
Le métier correspondant aux mots proposés est boulanger.

3. **Retrouvez le métier en fonction des indices fournis :**
1. Il vend du poisson : Le poissonnier. ▪ 2. Il s'occupe du jardin : Le jardinier. ▪ 3. Il vend de la viande : Le boucher. ▪ 4. Il fait rire les enfants au cirque : Le clown. ▪ 5. Il est aux commandes d'un avion : Le pilote. ▪ 6. Il éteint les incendies : Le pompier. ▪ 7. On l'appelle lorsqu'il y a un problème électrique :

L'électricien. ◦ 8. Il répare les chaussures : Le cordonnier. ◦ 9. Il vend des gâteaux : Le pâtissier. ◦ 10. Il dessine les maisons : L'architecte.

4. Fichier audio n° 4.
   La scène se passe dans un avion et c'est l'hôtesse qui parle.

5. **Former 6 métiers en utilisant les syllabes suivantes :**
   PHAR–MA–CIEN ◦ ME–DE–CIN ◦ COIF–FEUR ◦ JAR–DI–NIER ◦ PLOM–BIER

6. **Complétez les phrases :**
   1. J'ai très mal à une dent, je dois me rendre chez le dentiste. ◦ 2. Je dois offrir un bouquet de roses pour l'anniversaire de maman. Je vais chez le fleuriste. ◦ 3. Mon frère n'arrête pas de tousser, il faut aller chez le médecin (ou le docteur). ◦ 4. Je dois acheter deux baguettes, un pain au chocolat et un croissant. Je vais chez le boulanger. ◦ 5. La baignoire est bouchée. Il faut appeler le plombier.

7. Fichier audio n° 5. **Qui prononce les phrases que vous entendez ?**
   1. Le pharmacien ◦ 2. Le professeur ◦ 3. Le poissonnier ◦ 4. Le carreleur ◦ 5. Le bijoutier ◦ 6. Le maître-nageur ◦ 7. Le médecin ◦ 8. Le peintre ◦ 9. L'hôtesse de l'air ◦ 10. Le pilote

8. **Associer le verbe ou les verbes avec le métier correspondant :**
   1. Avocat : défendre, plaider ◦ 2. Cuisinier : cuisiner, préparer ◦ 3. Maçon : construire ◦ 4. Architecte : dessiner ◦ 5. Professeur : enseigner ◦ 6. Coiffeur : colorer, peigner ◦ 7. Médecin : ausculter, soigner ◦ 8. Chirurgien : opérer ◦ 9. Agriculteur : planter, récolter ◦ 10. Peintre : peindre ◦ 11. Écrivain : écrire ◦ 12. Vendeur : vendre ◦ 13. Manucure : limer, vernir ◦ 14. Plombier : déboucher ◦ 15. Facteur : distribuer.

9. Fichier audio n° 6
   L'intrus est : le râteau.

10. **Retrouvez 20 métiers ci-dessous :**
    Pompier ◦ Agriculteur ◦ Mécanicien ◦ Professeur ◦ Représentant ◦ Apiculteur ◦ Jongleur ◦ Avocat ◦ Danseur ◦ Électricien ◦ Fleuriste ◦ Couturier ◦ Mineur ◦ Boulanger ◦ Serveur ◦ Pilote ◦ Marin ◦ Musicien ◦ Juge ◦ Pharmacien

11. **Répondre en choisissant entre les 2 propositions :**
    1. Quel artisan cuit dans le fournil ? Le boulanger. ◦ 2. Qui utilise un filet ? Le pêcheur. ◦ 3. Qui corrige des copies ? Le professeur. ◦ 4. Qui sauve les personnes lors des incendies ? Le pompier. ◦ 5. Qui dessine des plans ? L'architecte. ◦ 6. Qui distribue le courrier ? Le facteur. ◦ 7. Qui répare les chaussures ? Le cordonnier ◦ 8. Qui défend les gens qui vont être jugés ? L'avocat. ◦ 9. Qui aide à la rééducation des gens blessés ? Le kinésithérapeute. ◦ 10. Qui appelle-t-on lorsque l'on a un lavabo bouché ? Le plombier. ◦ 11. Qui nous vend les médicaments ? Le pharmacien. ◦ 12. Qui aide les médecins dans un hôpital ? L'infirmière. ◦ 13. Qui confectionne les vêtements ? La couturière. ◦ 14. Qui s'occupe des champs ? L'agriculteur. ◦ 15. Qui soigne les animaux ? Le vétérinaire. ◦ 16. Qui joue une pièce de théâtre ? L'acteur. ◦ 17. Qui apprend à nager aux enfants ? Le maître-nageur. ◦ 18. Qui écrit des romans ? L'écrivain. ◦ 19. Qui arrête les voleurs ? Le policier. ◦ 20. Qui compose des poèmes ? Le poète.

3 Les couleurs

1. Fichier audio n° 7.

A : bleu	B : rouge	C : jaune
Le ciel La mer	La tomate La cerise La coccinelle La fraise	Le citron Le soleil La banane Le maïs

2. **Ne gardez que les couleurs qui correspondent à des choses :**
Orange • Rose • Marron • Lilas • Moutarde

3. Fichier audio n° 8 :
Les feuilles des arbres • La plante • La salade • Le poireau • Le cactus • Le concombre • Le chou • L'herbe • Le cyprès • La laitue

4. Fichier audio n° 9 :
Bicolore : deux couleurs • Multicolore : plusieurs couleurs • Monochrome : une seule couleur • Quadrichromie : quatre couleurs • Tricolore : trois couleurs

5. **Indiquer si la phrase prononcée est vraie ou fausse :**
1. Vrai • 2. Vrai • 3. Faux • 4. Vrai • 5. Faux • 6. Faux • 7. Faux • 8. Faux • 9. Vrai • 10. Vrai

6. **Savez-vous quelle est cette chose qui apparaît parfois après la pluie et qui se compose de 7 couleurs (rouge, orange, jaune, vert, bleu, indigo, violet) ?**
Il s'agit de l'arc-en-ciel.

7. **Recherchez les noms de 13 couleurs dans le cadre suivant. Les noms peuvent se lire de haut en bas, de bas en haut, de droite à gauche ou de gauche à droite. Avec les lettres restantes, retrouvez une quatorzième couleur.**
HORIZONTAL : 1. Mandarine ← • 2. Marron • 9. Turquoise
VERTICAL : • 1. Émeraude • 2. Rouge ← • 3. Blanc • 4. Violet ← • 5. Jaune • 6. Rose • 7. Noir – Bleu • 8. Vert • 9. Pistache
Il reste : MO U A R E D T = Moutarde.

8. **Retrouvez 10 couleurs parmi ces lettres mélangées :**
Bleu ← • Vert • Rouge • Jaune • Rose • Violet • Orange • Noir • Blanc • Turquoise

9. Fichier audio n° 10 :
1. Il n'y voit que du bleu • 2. Il est en colère, il voit rouge • 3. Il a passé une nuit blanche • 4. Avoir des idées noires • 5. Il est parti se mettre au vert • 6. Elle voit la vie en rose • 7. C'est un avocat marron • 8. La balle qui a été tirée est une balle à blanc • 9. Il et pessimiste, il voit tout en noir • 10. Tout ne va pas bien, tout n'est pas rose.

1. **Fichier audio n° 11 :**

Le bras • La jambe • La joue • Les yeux • Le ventre • Le dos • Les mains • La cuisse • Le visage • Les pieds

2. **Les affirmations entendues sont-elles vraies ou fausses ?**

1. Vrai • 2. Faux • 3. Vrai • 4. Faux • 5. Faux • 6. Faux • 7. Vrai • 8. Faux • 9. Vrai • 10. Faux • 11. Vrai 12. Faux • 13. Vrai • 14. Faux • 15. Faux

3. **Fichier audio n° 12 :**

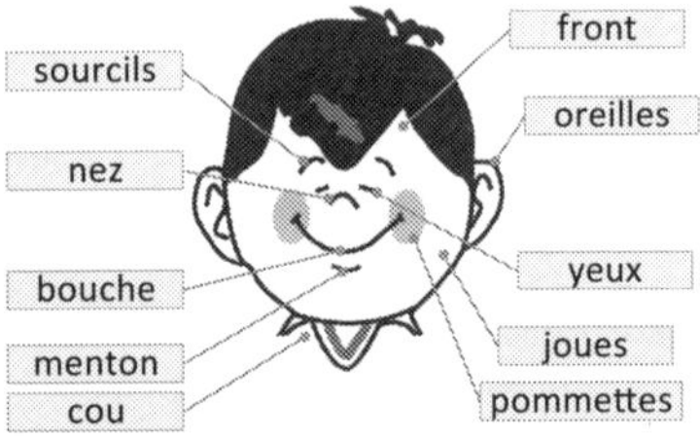

4. **Complétez les cases manquantes par des voyelles pour trouver 5 articulations (on lit de gauche à droite ou verticalement).**

				P				
				O			G	
C	H	E	V	I	L	L	E	
O				G			N	
U				N		C	O	U
D				E			U	
E				T				

5. **Fichier audio n° 13 :**

1. Il dort profondément : il dort sur ses deux oreilles. • 2. Il prend des risques : c'est un casse-cou. • 3. Il oublie tout. On dit qu'il est tête en l'air. • 4. Avoir de l'influence : avoir le bras long. • 5. De quelqu'un qui s'en croit, on dit qu'il a les chevilles qui enflent. • 6. Lorsqu'on surveille quelqu'un, on a l'œil sur lui. • 7. Accueillir quelqu'un avec joie, c'est le recevoir à bras ouverts. • 8. Quand on a du courage on n'a pas froid aux yeux. • 9. Offrir de l'aide à quelqu'un c'est lui tendre la main. • 10. Organiser quelque chose, c'est mettre quelque chose sur pied. • 11. S'entraider signifie se tenir (ou se serrer) les coudes. • 12. En avoir assez, être fatigué : en avoir plein le dos. • 13. Quand on a peur on dit familièrement que l'on serre les fesses. • 14. Lorsque l'on est très fatigué, on dit que l'on est sur les genoux. • 15. Lorsque quelqu'un est trop rêveur, on dit qu'il a la tête dans les nuages.

6. **Répondez aux questions en choisissant parmi les 2 propositions :**

1. Dans quelle partie du corps se trouve la luette ? La gorge. • 2. Selon l'expression un noble a le sang bleu. • 3. Les doigts sont terminés par les

ongles. ⁎ **4.** L'omoplate se situe dans le dos. ⁎ **5.** Comment se nomment les 2 moitiés du cerveau ? Les hémisphères.

7. **Replacez les os dans la bonne partie du corps en choisissant entre les 2 options proposées :**

Bras	Humérus
Cuisse	Fémur
Avant-bras	Radius
Talon	Calcanéum
Thorax	Côtes
Tête	Crâne
Dos	Colonne vertébrale
Genou	Rotule
Dos	Omoplate
Cage thoracique	Thorax

8. **Retrouvez dans le tableau suivant de mots mêlés 14 parties du corps humain.**

HORIZONTAL : **1.** Cheville ⁎ **2.** Poignet ← ⁎ **3.** Visage ⁎ **4.** Oreille ⁎ **5.** Poignet ← ⁎ **6.** Menton ⁎ **7.** Sourcil ⁎ **8.** Cuisse ⁎ **9.** Bouche ← ⁎ **10.** Genou
VERTICAL : **1.** Avant-Bras ⁎ **2.** Torse – Main ⁎ **9.** Cil ←
Il reste : LIEO → Œil.

9. **Démêlez ces mots liés afin de retrouver 15 mots concernant le corps humain :**

Jambe ⁎ Coude ⁎ Main ⁎ Doigt ⁎ Pied ⁎ Orteil ⁎ Visage ⁎ Cheville ⁎ Pouce ⁎ Ventre ⁎ Tête ⁎ Avant-bras ⁎ Épaule ⁎ Ongle ⁎ Orteil

10. **Fichier audio n° 14 :**

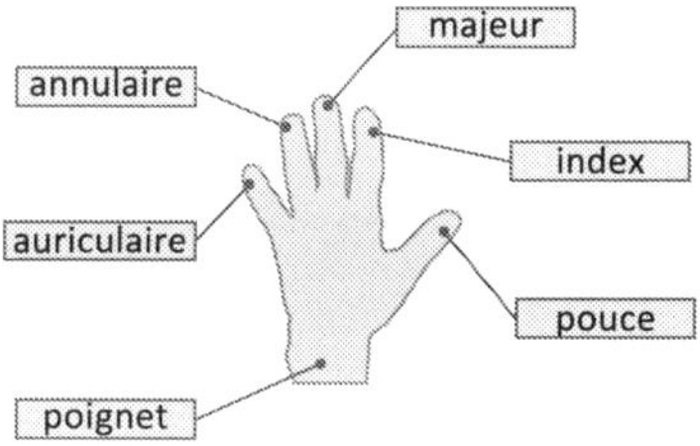

5 *La nourriture*

1. **Fichier audio n° 15 :**

1. Le fromage ⁎ **2.** Les fruits ⁎ **3.** Les poissons ⁎ **4.** La viande ⁎ **5.** Les desserts

2. **De tous les éléments suivants, ne gardez que les fruits :**

Le melon ⁎ La pastèque ⁎ La pêche ⁎ Le citron ⁎ La prune ⁎ La pomme ⁎ Le brugnon ⁎ Le raisin ⁎ La poire ⁎ L'abricot

3. **Remettre dans l'ordre les syllabes suivantes afin de former les noms de 6 légumes :**

EN–DI–VE • HA–RI–COT • LAI–TUE • NA–VET • CON–COM–BRE • RA–DIS

4. **Fichier audio n° 16 :**

FRANCE	ESPAGNE	ITALIE
Choucroute	Paella	Minestrone
Cassoulet	Sangria	Gorgonzola
Bouillabaisse	Chorizo	Pizza
Pissaladière	Tapas	
Fondue savoyarde		
Fondue bourguignonne		
Quenelles		
Champagne		

5. **Remettez les lettres dans l'ordre afin de former cinq « plats complets » :**

1. Choucroute • 2. Paella • 3. Couscous • 4. Cassoulet • 5. Pot-au-feu

6. **Complétez les voyelles manquantes afin de retrouver 20 éléments comestibles :**

P	A	M	P	L	E	M	O	U	S	S	E
C	L	E	M	E	N	T	I	N	E		
C	O	N	F	I	T	U	R	E			
C	O	N	C	O	M	B	R	E			
N	O	I	S	E	T	T	E				
M	O	U	T	A	R	D	E				
C	R	E	V	E	T	T	E				
H	A	R	I	C	O	T					
F	R	O	M	A	G	E					
P	O	I	S	S	O	N					
J	A	M	B	O	N						
C	E	R	I	S	E						
P	O	U	L	E	T						
H	U	I	L	E							
P	U	R	E	E							
G	L	A	C	E							
N	O	I	X								
P	A	I	N								
M	A	Ï	S								
R	I	Z									

7. **Fichier audio n° 17 :**

Le saint-paulin • Le bleu d'Auvergne • Le camembert • Le roquefort • Le brie

8. **Répondre aux questions posées :**

1. Que dit-on d'un canard qui cuit dans sa graisse ? Il est confit. • 2. D'où tire-t-on une huile issue d'une plante qui s'oriente vers le soleil ? Du tournesol. • 3. Qu'est-ce que la « reine-claude » ? Une prune. • 4. Quel est le fruit qui a le même nom qu'un projectile explosif ? La grenade. • 5. Quelle spécialité est typique du midi ? La bouillabaisse.

6 Les vêtements

1. **Fichier audio n° 18 :**

Été	**Hiver**	**Indifférent**
Tongs	Gants	Soutien-gorge
Lunettes de soleil	Bas	Chaussures
Maillot de bain	Manteau	Chapeau
Bikini	Écharpe	Ceinture
	Collants	
	Anorak	
	Doudoune	

2. **Parmi la liste de mots suivants recopiez uniquement ceux qui se rapportent à un type de chaussures :**

Mocassin • Tong • Tennis • Bottes • Spartiate • Espadrille • Bottines • Sabot • Escarpin • Cuissardes

3. **Complétez les phrases en choisissant parmi les mots suivants :**

1. Il fait très froid. N'oublie pas de prendre ton cache-nez (ou écharpe) avant de sortir. • 2. Mets ton imperméable : il tombe des cordes ! • 3. Heureusement que j'ai pris ma serviette de bain pour m'essuyer en sortant de la piscine. • 4. Lou-Anne est très coquette : elle assortie toujours son tee-shirt à sa jupe. • 5. Quand il fait chaud, j'adore me promener en short. • 6. N'oublie pas tes gants si tu veux faire un bonhomme de neige ! • 7. Regarde, ton pantalon est en train de tomber. Mets une ceinture ! • 8. Cette robe du soir en mousseline est vraiment très élégante. • 9. Lou-Anne a un joli maillot de bain rose pour aller à la plage. • 10. Lisa, mets ton écharpe (ou cache-nez) : tu as mal à la gorge ! • 11. Il pleut, Matthias met ses bottes avant de sortir. • 12. Pour ne pas prendre froid, dès que je me lève, je mets ma robe de chambre. • 13. Pour dormir je mets ma chemise de nuit. • 14. Un homme élégant porte toujours une cravate.

4. **Complétez les voyelles manquantes :**

I	M	P	E	R	M	E	A	B	L	E
S	U	R	V	E	T	E	M	E	N	T
C	H	A	U	S	S	E	T	T	E	
P	A	N	T	A	C	O	U	R	T	
S	A	L	O	P	E	T	T	E		
C	H	E	M	I	S	I	E	R		
P	E	I	G	N	O	I	R			
D	O	U	D	O	U	N	E			
M	A	N	T	E	A	U				
C	O	L	L	A	N	T				
C	H	A	P	E	A	U				
A	N	O	R	A	K					
P	Y	J	A	M	A					
V	E	S	T	E						
P	U	L	L							
S	L	I	P							
J	U	P	E							
R	O	B	E							
B	A	S								
S	A	C								

5. **Séparez les vêtements, les accessoires et les différentes matières :**

Vêtements	**Accessoires**	**Matières**
Robe	Chapeau	Nylon
Cape	Casquette	Laine
Jupe	Bretelles	Coton
Corsaire	Ceinture	Lin
Pantalon	Écharpe	Velours
Bustier	Étole	Cachemire
Robe du soir		
Smoking		

6. **Supprimez l'intrus :**
L'intrus est la cravate.

7 Les animaux

1. **Reconstituez les familles.**

Le singe	La guenon
Le cheval	La jument
Le cochon	La truie
La poule	Le coq
Le chat	La chatte

2. **Fichier audio n° 19 :**

La souris	Le souriceau
L'éléphant	L'éléphanteau
Le lion	Le lionceau
Le chien	Le chiot
La chèvre	Le chevreau
Le lapin	Le lapereau
La poule	Le poussin
L'âne	L'ânon
La vache	Le veau
La jument	Le poulain

3. **Complétez les voyelles manquantes pour retrouver des noms d'insectes :**

C	O	C	C	I	N	E	L	L	E
L	I	B	E	L	L	U	L	E	
M	O	U	S	T	I	Q	U	E	
A	R	A	I	G	N	E	E		
P	A	P	I	L	L	O	N		
A	B	E	I	L	L	E			
M	O	U	C	H	E				
F	O	U	R	M	I				
G	U	E	P	E					
P	U	C	E						

4. **Retrouvez 15 animaux vivant dans la mer :**

Poulpe • Sardine • Morue • Cachalot • Baleine • Dauphin • Requin • Sole • Crabe • Hareng • Maquereau • Moule • Homard • Oursin • Méduse

5. **Dans ce tableau de mots mêlés, retrouvez 15 noms d'animaux ou d'insectes. Avec les lettres restantes vous retrouverez un 16e nom.**

HORIZONTAL : 1. Cheval • 2. Poule ← • 3. Guêpe • 4. Chat • 5. Paon • VERTICAL : 1. Lion – Chatte • 2. Canard – Puce ← • 3. Moustique • 4. Abeille ← • 5. Singe • 6. Zèbre • 7. Chien ← • 9. Panthère
Il reste : E C U R I L U E = Écureuil.

6. **Fichier audio n° 20 :**

a. Ils volent	**b.** Ils marchent ou rampent	**c.** Ils nagent
La mouche	Le lézard	La truite
Le papillon	La couleuvre	Le dauphin
La libellule	Le rat	L'otarie
Le moucheron	Le bœuf	La baleine
La guêpe	Le cochon	
L'hirondelle	Le tigre	
	Le serpent	
	Le cheval	
	La poule	
	Le puma	

7. **Recopiez les animaux que vous pouvez trouver dans une ferme :**

la canard ◦ Le cochon ◦ Le dindon ◦ Le poussin ◦ La poule ◦ La brebis ◦ L'agneau ◦ Le mouton ◦ Le cheval ◦ L'âne ◦ Le coq ◦ La vache ◦ Le veau ◦ Le bœuf

8. **Dites si c'est vrai ou faux :**

1. La vache vit à la ferme : Vrai ◦ 2. Le tigre est un animal sauvage : Vrai ◦ 3. Le zèbre est tacheté : Faux ◦ 4. La truite vit dans la mer : Faux ◦ 5. L'autruche est un insecte : Faux ◦ 6. L'éléphant possède une crinière : Faux ◦ 7. La poule pond des œufs : Vrai ◦ 8. Le crocodile est dangereux : Vrai ◦ 9. Le rat vit dans la forêt : Faux ◦ 10. Le perroquet est un oiseau : Vrai ◦ 11. La crevette est un crustacé : Vrai ◦ 12. La tortue est très rapide : Faux ◦ 13. La girafe vit à la ferme : Faux ◦ 14. L'ours blanc vit sur la banquise : Vrai ◦ 15. Le taureau vit dans la mer : Faux

9. **Trouvez la bonne réponse entre les 2 propositions :**

1. Quel animal a 4 pattes ? Le crocodile. ◦ 2. Quel animal est très venimeux ? Le scorpion. ◦ 3. Quel animal a une trompe ? L'éléphant. ◦ 4. Quel animal court très rapidement ? L'autruche. ◦ 5. Quel animal possède 2 pattes ? L'oie. ◦ 6. Quel animal a un évent qui permet d'expulser l'air ? Le dauphin. ◦ 7. Quel insecte tisse une toile ? L'araignée. ◦ 8. Quel animal est le plus rapide ? La panthère. ◦ 9. Quel insecte possède des ailes ? La cigale. ◦ 10. De quel animal dit-on qu'il est « la plus belle conquête de l'homme » ? Le cheval.

10. **Retrouvez le cri qui correspond à l'animal parmi ces verbes :**

1. La grenouille coasse ◦ 2. Le renard glapit ◦ 3. L'éléphant barrit ◦ 4. Le chat miaule ◦ 5. La chouette hulule ◦ 6. Le lion rugit ◦ 7. Le cheval hennit ◦ 8. Le dindon glougloute ◦ 9. Le chien aboie ◦ 10. La colombe roucoule.

8 La nature

1. **Classez en 2 colonnes les arbres et les autres éléments naturels :**

Arbres	Éléments naturels
Le pin	Le genêt
Le chêne	Le coquelicot
Le sapin	L'herbe
Le bouleau	Le romarin
Le cerisier	La violette
Le platane	La tomate
Le hêtre	La pêche
Le mimosa	La courgette
L'acacia	Le géranium
La baobab	La glycine

2. **Choisir la bonne réponse :**

1. De quelle plante ne mange-t-on pas la racine ? L'asperge. ◦ 2. Quelle plante n'est pas de couleur orange ? Le persil. ◦ 3. Que mange-t-on généralement

cru ? Le radis. ※ **4.** Lequel n'est pas un fruit d'été ? Le marron. ※ **5.** Comment se nomme l'arbre qui donne des fruits ? L'arbre fruitier.

3. **Fichier audio n° 21 :**

   Le coquelicot ※ Le genêt ※ La mûre ※ Le bleuet ※ La marguerite ※ La fougère ※ Le pissenlit ※ La pâquerette ※ La colchique ※ L'edelweiss

4. **Complétez les noms en utilisant les dessins :**

   1. Le pin ※ **2.** La rose ※ **3.** Le sapin ※ **4.** La marguerite ※ **5.** La jonquille.

5. **Remettez les syllabes dans le bon ordre pour retrouver 20 fleurs :**

   1. Anémone ※ **2.** Arum ※ **3.** Hortensia ※ **4.** Rose ※ **5.** Muguet ※ **6.** Myosotis ※ **7.** Lupin ※ **8.** Pervenche ※ **9.** Azalée ※ **10.** Iris ※ **12.** Lavande ※ **13.** Pensée ※ **14.** Coquelicot ※ **15.** Bleuet ※ **16.** Lilas ※ **17.** Orchidée ※ **18.** Camélia ※ **19.** Freesia ※ **20.** Marguerite

6. **Retrouvez le nom de l'arbre :**

   1. Je donne des bananes : le bananier ※ **2.** Je donne des cerises : le cerisier ※ **3.** Je donne des pêches : le pêcher ※ **4.** Je donne des abricots : l'abricotier ※ **5.** Je donne des figues : le figuier ※ **6.** Je donne des prunes : le prunier ※ **7.** Je donne des citrons : le citronnier ※ **8.** Je donne des pommes : le pommier ※ **9.** Je donne des poires : le poirier ※ **10.** Je donne des amandes : l'amandier ※ **11.** Je donne des oranges : l'oranger ※ **12.** Je donne des citrons : le citronnier ※ **13.** Je donne des mandarines : le mandarinier ※ **14.** Je donne des noix de coco : le cocotier ※ **15.** Je donne des noix : le noyer ※ **16.** Je donne des noisettes : le noisetier ※ **17.** Je donne des châtaignes : le châtaignier ※ **18.** Je donne des mûres : le mûrier ※ **19.** Je donne des arbouses : l'arbousier ※ **20.** Je donne des kakis : le plaqueminier.

7. **Retrouvez le nom de 10 céréales cachées parmi les arbres :**

   Blé ※ Orge ※ Maïs ※ Riz ※ Seigle ※ Avoine ※ Son ※ Quinoa ※ Millet ※ Boulghour

9 L'enseignement

1. **Répondre aux questions suivantes en choisissant parmi les 2 propositions :**

   1. Comment s'appelle la 1re année à l'école primaire ? Le cours préparatoire. ※ **2.** Comment s'appelle la classe dans laquelle on passe le bac ? La terminale.

2. **Trouvez l'intrus et expliquez pourquoi :**

   Ce sont les maths car ce n'est pas une langue.

3. **Remettre dans l'ordre chronologique :**

   Maternelle ※ École primaire ※ Collège ※ Lycée ※ Faculté

4. **Fichier audio n° 22 :**

Rédaction ◦ Mathématiques ◦ Histoire ◦ Géographie ◦ Dessin ◦ Algèbre ◦ Physique ◦ Éducation physique ◦ Anglais ◦ Latin ◦ Français ◦ Droit ◦ Espagnol ◦ Italien ◦ Économie

5. **Reliez les éléments avec les matières proposées :**

Maths	Français	Dessin	Éducation physique
règle	dictionnaire	peinture	short
rapporteur	rédaction	pinceau	baskets
addition	dissertation	Crayons de couleurs	sifflet
multiplication			course
algèbre			saut
			stade
			chronomètre
			marteau
			performance

6. **Répondez aux affirmations en cochant la bonne réponse :**

1. On fait de l'économie à l'école communale : faux ◦ 2. Il y a piscine obligatoire en 6e : faux ◦ 3. On passe le « brevet » en 4e : faux ◦ 4. On fait de l'histoire et géographie en primaire : vrai ◦ 5. On apprend 2 langues en 6e : faux ◦ 6. On apprend 2 langues en 4e : vrai ◦ 7. Il faut savoir nager plus de 100 m pour avoir le bac. : faux ◦ 8. On commence la philosophie en 2de : faux ◦ 9. Il y a interdiction de présenter le bac plus de 2 fois : faux ◦ 10. On rentre à l'école primaire lorsque l'on sait lire : faux

7. **Retrouvez les matières enseignées en utilisant les dessins (les 6 dernières matières représentent des langues) :**

1. Musique ◦ 2. Mathematiques ◦ 3. Geographie ◦ 4. Calcul ◦ 5. Chimie ◦ 6. Droit ◦ 7. Éducation physique ◦ 8. Arts plastiques ◦ 9. Histoire ◦ 10. Espagnol ◦ 11. Italien ◦ 12. Anglais ◦ 13. Chinois ◦ 14. Francais ◦ 15. Russe

10 Les sports

1. **Répondre aux questions suivantes en choisissant parmi les 2 propositions :**

1. Quel engin est surnommé « la petite reine » ? La bicyclette. ◦ 2. Quelle est l'épreuve de lancer qui détient le record du monde ? : Le javelot. ◦ 3. Quelle est le style de natation le plus rapide ? : Le crawl. ◦ 4. Qui monte le cheval pendant une course ? : Le jockey. ◦ 5. Quelles sont les épreuves du biathlon : Ski de fond et tir. ◦ 6. Le football est un sport qui se joue à onze. ◦ 7. Comment se nomme le local d'une salle de sport dans le quel on peut se changer ? Le vestiaire. ◦ 8. A quel sport se rapportent les noms « poids lourd » et « K.O. » ? La boxe. ◦ 9. Quelle est la durée d'un match de rugby ? 90 min (45 min × 2). ◦ 10. Quel sport consiste à se déplacer d'arbre en arbre ? L'acrobranches.

2. **Fichier audio n° 23 :**

Sans objet	Avec objet
Course	Ski
Natation	Windsurf
Plongeon	Basketball
Jogging	Rugby
Marathon	Tennis
Karaté	Cyclisme
Gymnastique	Golf
	Football
	Pêche
	Javelot
	Boxe
	Tir à l'arc
	Saut à la perche

3. **Retrouvez dans ces mots liés 20 sports :**

step * formule un * natation * plongeon * aviron * boxe * lutte * escrime * gymnastique * triple saut * marathon * tennis * football * handball * basketball * tir à l'arc * ping-pong * équitation * ski * patin à glace

4. **Retrouvez le mot d'après la définition :**

1. Il pratique le volley-ball : le volleyeur. * 2. Il pratique la natation : le nageur. * 3. Il pratique le karaté : le karatéca. * 4. Il fait de l'escrime : l'escrimeur. * 5. Il tire à l'épée : l'épéiste. * 6. Il lance le poids : le lanceur. * 7. Il fait de la gymnastique : le gymnaste. * 8. Il pratique la boxe : le boxeur. * 9. Il pratique le hand-ball : le handballeur. * 10. Il pratique le football : le footballeur. * 11. Il saute en parachute : le parachutiste. * 12. Il fait du ski : le skieur. * 13. Il pratique le judo : le judoka. * 14. Il fait du golf : le golfeur. * 15. Il fait du surf : le surfeur. * 16. Il fait de la plongée : le plongeur sous-marin. * 17. Il fait du ping-pong : le pongiste. * 18. Il court le marathon : le marathonien. * 19. Il soulève des poids : l'haltérophile. * 20. Il lance le disque : le lanceur de disque.

5. **Complétez les consonnes manquantes pour retrouver ces sports :**

1. Rugby * 2. Alpinisme * 3. Golf * 4. Windsurf * 5. Boxe * 6. Judo * 7. Ping-pong * 8. Voile * 9. Tir * 10. Karaté.

6. **Retrouvez le sport en utilisant les dessins :**

1. Voile * 2. Natation * 3. Judo * 4. Équitation * 5. Plongeon * 6. Course * 7. Golf * 8. Ping-pong * 9. Tir * 10. Saut en hauteur * 11. Javelot * 12. Windsurf * 13. Plongée sous-marine * 14. Saut à la perche * 15. Rugby.

11 *Les transports*

1. **Fichier audio n° 24 :**

Automobile	**Train**
Pneu	Couchette
Stationnement	Gare
Péage	Wagon
Amende	Billet
Pare-brise	
Pare-chocs	

2. **Répondre aux questions suivantes en choisissant parmi les 2 propositions :**

1. Comment se nomme la fin d'une ligne de bus ? Le terminus. • 2. Quand on se rabat précipitamment après avoir doublé on fait une queue de poisson. • 3. Lorsque l'on n'a pas observé le code de la route on peut avoir une amende. • 4. En France le permis de conduire comporte 12 points. • 5. Sur autoroute, la vitesse est limitée à 130 km/h.

3. **Classez les moyens de locomotion suivants par ordre de vitesse (du moins rapide au plus rapide) :**

À pied • Le vélo • La mobylette • La moto • La voiture • Le train • Le TGV • L'hélicoptère • L'avion • La fusée

4. **Complétez par des voyelles pour retrouver 10 mots de vocabulaire ayant un rapport avec les transports.**

S	T	A	T	I	O	N	N	E	M	E	N	T
P	N	E	U	M	A	T	I	Q	U	E		
C	I	R	C	U	L	A	T	I	O	N		
A	U	T	O	R	O	U	T	E				
S	E	C	U	R	I	T	E					
A	U	T	O	C	A	R						
A	M	E	N	D	E							
B	A	T	E	A	U							
V	O	L	A	N	T							
D	A	N	G	E	R							
P	E	A	G	E								
R	O	U	E									
R	A	I	L									
T	G	V										
P	V											

12 *Famille*

1. **Fichier audio n° 25 :**

1. Catherine est ma tante. ◆ 2. Jean est mon grand-père. ◆ 3. Romain est mon gendre. ◆ 4. Lou-Anne est la petite-fille de Noëlle. ◆ 5. Mathias et Léa sont mes cousins. ◆ 6. Nicole est ma grand-mère. ◆ 7. Christine est ma belle-mère. ◆ 8. Georges est mon père. ◆ 9. Alain est mon frère ◆ 10. Angie est ma fille.

2. **Mettez dans l'ordre chronologique logique les étapes suivantes :**

La naissance ◆ Le 1er anniversaire ◆ L'enfance ◆ L'adolescence ◆ Les fiançailles ◆ La maturité ◆ L'âge adulte ◆ Le mariage (la noce) ◆ La vieillesse ◆ La mort (le décès)

3. **Répondez aux questions en choisissant la bonne réponse :**

1. Que jette la jeune mariée aux jeunes filles présentes à la noce ? Son bouquet. ◆ 2. Que forment les personnes qui accompagnent la mariée ? Le cortège. ◆ 3. Que remet le maire aux nouveaux époux ? Le livret de famille. ◆ 4. Comment se nomme le dernier né de la famille ? Le benjamin. ◆ 5. Lors d'un mariage on a besoin… d'un témoin. ◆ 6. La nouvelle femme de mon père est ma belle-mère. ◆ 7. Le mari de ma fille est mon gendre ou mon beau-fils (on emploie les 2). ◆ 8. Avant le mariage, on doit publier les bans. ◆ 9. La période avant le mariage s'appelle les fiançailles. ◆ 10. Lors des fiançailles, la coutume veut que le fiancé offre une bague.

13 *La maison*

1. **Répondre aux questions suivantes en choisissant parmi les 2 propositions :**

1. Où trouve-t-on généralement un « traversin » ? Dans la chambre. ◆ 2. Dans une maison quelle pièce sert d'abri pour la voiture ? Le garage. ◆ 3. Où trouve-t-on généralement un « lavabo » ? Dans la salle de bains. ◆ 4. Le « grenier » de la maison se trouve en haut. ◆ 5. Les couvertures s'utilisent en hiver.

2. **Fichier audio n° 26 :**

Cuisine	Chambre	Salle de séjour
Réfrigérateur	Lit	Tableau
Micro-ondes	Table de nuit	Piano
Four	Armoire	Cheminée
Fourchette	Lampe de chevet	Lustre
Casserole	Couverture	
Assiette		

3. **Remettez les lettres dans le bon ordre pour trouver des éléments de la maison :**

1. Porte ‧ 2. Fenêtre ‧ 3. Volet ‧ 4. Tapis ‧ 5. Plafond

4. **Supprimez l'intrus :**

On supprime : PAIN.

5. **Retrouvez les corps de métiers que l'on peut employer pour la construction ou l'aménagement d'une maison :**

Le plombier ‧ Le plâtrier ‧ Le carreleur ‧ L'architecte ‧ Le décorateur ‧ Le paysagiste ‧ Le menuisier ‧ L'électricien ‧ Le peintre en bâtiment ‧ Le maçon

6. **Séparez les éléments que l'on peut retrouver à l'intérieur ou à l'extérieur d'une maison :**

Intérieur	Extérieur
Le couloir	L'allée
La fenêtre	Le parterre
Le plafond	La jardinière
Le placard	Le potager
La baie vitrée	La tondeuse à gazon

7. **Retrouvez 20 éléments se trouvant dans la maison en complétant les lettres manquantes ou en utilisant les dessins :**

1	B	I	B	L	I	O	T	H	E	Q	U	E
2	A	L	L	U	M	E	-	G	A	Z		
3	C	O	U	V	E	R	T	U	R	E		
4	A	S	P	I	R	A	T	E	U	R		
5	C	A	S	S	E	R	O	L	E			
6	V	A	I	S	S	E	L	L	E			
7	P	E	R	S	I	E	N	N	E			
8	E	S	C	A	L	I	E	R				
9	O	R	E	I	L	L	E	R				
10	C	H	E	M	I	N	E	E				
11	F	E	N	E	T	R	E					
12	R	O	B	I	N	E	T					
13	L	A	V	A	B	O						
14	C	H	A	I	S	E						
15	T	A	P	I	S							
16	V	O	L	E	T							
17	P	O	E	L	E							
18	B	A	L	A	I							
19	D	R	A	P								
20	L	I	T									

14 *En vacances*

1. Fichier audio n° 27 :

La bataille ◆ Les 7 familles ◆ Le poker ◆ La belote ◆ Le bridge

2. **Séparez les jeux qui peuvent se pratiquer seuls de ceux qui nécessitent d'être à 2 ou plusieurs :**

Seul	À plusieurs
Sudoku	Échecs
Corde à sauter	Cartes
Lecture	Cache-cache
Mots croisés	Ballon prisonnier
Mots fléchés	Trivial poursuit
Jeu des 7 erreurs	Scrabble
Le solitaire	Dames
	Ping-pong

3. **Séparez le vocabulaire de la plage, de la campagne et celui de la montagne :**

Mer	Campagne	Montagne
Plage	Ferme	Pic
Algues	Promenade	Sommet
Oursin	Champ	Neige
Transat		Escalade
Se baigner		
Parasol		
Bouée		
Nager		

4. **Retrouvez dans ces syllabes mélangées 10 verbes représentant les vacances :**

Dormir ◆ Se reposer ◆ Flâner ◆ Somnoler ◆ Visiter ◆ Decouvrir ◆ Admirer ◆ Voyager ◆ Se promener ◆ Rechercher

5. **Retrouvez 10 verbes de ce que l'on peut faire à la plage :**

Bronzer ◆ Nager ◆ Faire du ski nautique ◆ Attraper un coup de soleil ◆ Faire de la voile ◆ Se reposer ◆ Plonger ◆ Faire des pâtés ◆ Pêcher ◆ Se baigner

6. **Retrouver 10 mots dans le vocabulaire spécifique de la montagne :**

L'alpinisme ◆ La crevasse ◆ Le sommet ◆ L'escalade ◆ La cime ◆ La cordée ◆ Le skieur ◆ Le piolet ◆ Le remonte-pente ◆ La neige

7. **Retrouver 10 mots dans le vocabulaire spécifique de la campagne :**

La promenade ◆ Le champ ◆ La ferme ◆ Le paysan ◆ Le renard ◆ La sauterelle ◆ L'étable ◆ Le bétail ◆ L'écurie ◆ La meule de foin

8. **Classez dans le tableau suivant le vocabulaire suivant qu'il se rapporte à la chasse ou à la pêche :**

Chasse	Pêche
Le fusil	La canne
La cartouche	La ligne
La balle	L'asticot
Le chasseur	L'hameçon
La carabine	Le pêcheur
Le gibier	Le poisson
La trace	Le bouchon
Le piège	

15 *Les sentiments, les sensations*

1. **Barrez l'intrus**

1. La tristesse ∗ 2. L'attente ∗ 3. La colère ∗ 4. La peur ∗ 5. La pitié ∗ 6. Le sang-froid ∗ 7. La décontraction ∗ 8. La cruauté ∗ 9. L'ironie ∗ 10. Le respect ∗ 11. Le mépris ∗ 12. La méfiance ∗ 13. Le soupçon ∗ 14. La mélancolie ∗ 15. La nervosité ∗ 16. L'insouciance ∗ 17. La persévérance ∗ 18. La peur ∗ 19. L'ambition ∗ 20. Le courage

2. **Reliez les mots avec les sentiments :**

Amour	Joie	Tristesse	Doute	Peur	Surprise
cœur	rire	pleurs	hésitation	cri	bouche bée
		larmes	?	tremblement	oh !

3. **Fichier audio n° 28 :**

Positifs	Négatifs
Optimisme	Pessimisme
Passion	Cruauté
Camaraderie	Intolérance
Amour	Méchanceté
Affection	Vice
Générosité	Infidélité
Dévouement	
Compréhension	
Compassion	
Patience	
Sang-froid	
Calme	
Loyauté	
Franchise	

4. **Quel est le sentiment qu'une mère aura toujours pour ses enfants quoi qu'ils puissent faire (on dit d'ailleurs que c'est le plus beau du monde) ?**
C'est l'amour.

5. **Retrouvez les sentiments en vous servant des dessins :**
1. La surprise • 2. La joie 3. La tristesse • 4. La peur • 5. La colère

6. **Retrouvez les sentiments en vous servant des définitions données :**
1. Méchanceté • 2. Franchise • 3. Loyauté • 4. Bienveillance • 5. Compréhension

7. **Retrouvez les sentiments en remettant les syllabes dans le bon ordre (sachant que tous se terminent par TE) :**
1. Fidélité • 2. Anxiété • 3. Méchanceté • 4. Vulgarité • 5. Loyauté • 6. Vanité • 7. Nervosité • 8. Brutalité • 9. Hostilité • 10. Timidité

8. **Retrouvez 20 sentiments en séparant les mots liés :**
Prudence • Méfiance • Sagesse • Discrétion • Confiance • Fidélité • Franchise • Fierté • Dignité • Moralité • Hostilité • Mépris • Humour • Respect • Égoïsme • Avarice • Intolérance • Nervosité • Nostalgie • Pessimisme

16 *La santé*

1. **Retrouver des maladies en complétant les voyelles manquantes :**

S	C	A	R	L	A	T	I	N	E
C	O	Q	U	E	L	U	C	H	E
R	H	U	M	A	T	I	S	M	E
V	A	R	I	C	E	L	L	E	
P	N	E	U	M	O	N	I	E	
B	R	O	N	C	H	I	T	E	
I	N	F	A	R	C	T	U	S	
R	O	U	G	E	O	L	E		
S	I	N	U	S	I	T	E		
J	A	U	N	I	S	S	E		
R	O	S	E	O	L	E			
T	E	T	A	N	O	S			
M	A	L	A	R	I	A			
D	I	A	B	E	T	E			
A	S	T	H	M	E				
C	A	N	C	E	R				
G	R	I	P	P	E				
R	H	U	M	E					
S	I	D	A						
Z	O	N	A						

2. **Associez le spécialiste avec le terme qui lui correspond.**

La sage-femme	L'accouchement
Le chirurgien	L'opération
Le radiologue	La radio
Le pharmacien	Les médicaments
Le cardiologue	Le cœur
Le kinésithérapeute	Le massage
Le phlébologue	Les veines
Le dermatologue	La peau
Le podologue	Le pied
Le dentiste	Les dents

3. **Cherchez l'intrus et expliquez pourquoi**

1. C'est la tuberculose car c'est une maladie et ne fait pas partie du vocabulaire du dentiste ◦ 2. C'est la grippe car ce n'est pas une maladie infantile.

4. **Fichier audio n° 29 :**

1. Il soigne les enfants : le pédiatre. ◦ 2. Il s'occupe des articulations et des os, familièrement on l'appelle le rhumato : le rhumatologue. ◦ 3. Il s'occupe de l'appareil génital de la femme et familièrement on l'appelle le gynéco : le gynécologue. ◦ 4. Familièrement on dit l'oto-rhino ; sa spécialité concerne les oreilles, le nez, le larynx et la gorge : l'oto-rhino-laryngologiste. ◦ 5. Il s'occupe de la grossesse et de l'accouchement : l'obstétricien. ◦ 6. Il va soigner les allergies : l'allergologue. ◦ 7. Il s'occupe des problèmes de peau et familièrement on l'appelle le dermato : le dermatologue. ◦ 8. C'est lui le spécialiste du cœur : le cardiologue. ◦ 9. Il s'occupe du foie : l'hépatologue. ◦ 10. C'est le spécialiste du système nerveux et de ses maladies : le neurologue. ◦ 11. Familièrement le psy est un spécialiste des maladies mentales et troubles psychologiques : le psychiatre. ◦ 12. Il s'occupe des troubles des veines : le phlébologue. ◦ 13. c'est lui qui s'occupe des problèmes dentaires : le dentiste. ◦ 14. Il soigne les animaux : le vétérinaire. ◦ 15. C'est le médecin spécialisé pour les expertises légales : le légiste.

5. **Recherchez les noms de 13 mots (dont 9 verbes) en relation avec la maladie dans le cadre suivant. Les noms peuvent se lire de haut en bas, de bas en haut, de droite à gauche ou de gauche à droite. Avec les lettres restantes, retrouvez un quatorzième élément.**

HORIZONTAL : 1. Maladie ◦ 2. Douleur ◦ 3. Tousser ◦ 4. Blesser ◦ 5. Plâtrer ◦ 6. Guérir ← ◦ 7. Pilule ◦ 8. Opérer ◦ 9. Soigner ← ◦ 10. Souffrir
VERTICAL : 1. Contagion ◦ 9. Contaminer ◦ 10. Transpirer
Il reste : T O X U = Toux

17 Les médias, la communication

1. **Répondre aux questions en choisissant entre les 2 propositions :**

1. Quel nom d'oiseau donne-t-on familièrement à un journal ? Un canard. ◦ 2. Comment nomme-t-on un journal qui paraît chaque jour ? Un quotidien. ◦

3. Comment nomme-t-on un magazine qui paraît chaque mois ? Un mensuel. • 4. A quelle heure le journal télévisé du soir commence-t-il ? A 20 heures. • 5. Comment se nomme le journaliste chargé de récolter les informations ? Le reporter.

2. **Retrouver dans ces mots liés 15 mots en rapport avec les médias :**

Radio • Auditeur • Émission • Programme • Retransmission • Modulation de fréquence • Télévision • Télécommande • Écran • Antenne • Téléspectateur • Journal • Reportage • Journaliste • Information

3. **Fichier audio n° 30 :**

Radio	Télévision	Presse
Emission	Emission	Publicité
Publicité	Téléviseur	Lecteur
Modulation de fréquence	Publicité	Hebdomadaire
Auditeur	Antenne	Quotidien
Station	Chaîne	Agence de presse
L'émission en direct	Télécommande	
	L'émission en direct	
	Le petit écran	
	Le téléspectateur	

4. **Trouver le bon mot d'après la définition :**

1. Le présentateur • 2. Le téléviseur • 3. Le journal • 4. L'antenne • 5. L'auditeur

18 *Les arts*

1. **Répondre aux questions en choisissant entre les 2 propositions :**

1. De quelle matière légère sont faits les tutus de danse ? De tulle. • 2. Comment se nomme le cocktail donné le 1° jour d'une exposition de peinture ? Le vernissage. • 3. Pour peindre, l'artiste pose sa toile sur un chevalet. • 4. Quel est le verbe qui correspond au nom « la sculpture » ? Sculpter. • 5. Quel est le contraire de la comédie ? La tragédie.

2. **Fichier audio n° 31 :**

Théâtre • Violon • Musique • Sculpture • Peinture • Comédie • Scène • Opéra • Piano • Danse • Tutu • Partition • Chef d'orchestre • Décor • Cinéma

3. **Rangez les mots suivants dans les bonnes cases :**

Musique	Cinéma	Peinture	Danse	Chant
trompette	caméra	aquarelle	pointes	refrain
guitare	scénario	tableau	chorégraphie	chanteur
orchestre	acteur	musée	valse	
concert	film	exposition	ballet	
	star	peintre		

4. **Retrouvez 5 danses en utilisant les syllabes données :**
Paso doble * Tango * Valse * Cha Cha * Slow

5. **Classez ces instruments dans le tableau suivant :**

Vent	Cordes	Percussion
Flûte	Guitare	Tambour
Trompette	Mandoline	Grosse caisse
Cornemuse	Piano	Tam-tam
Orgue	Violon	Castagnettes
Accordéon	Violoncelle	Triangle
Trombone	Contrebasse	Xylophone
Flûte traversière	Ukulélé	

6. **Barrez l'intrus qui n'a pas de rapport avec la danse :**
1. Chemise * 2. Valise * 3. Marteau * 4. Équipier * 5. Orchestre

19 Les collections de mots

1. **Recopiez les mots qui n'évoquent pas le thème des animaux :**
La fleur * L'arbre * Le théâtre * Le fauteuil * Les semelles * Le manteau * La liste * L'olivier * Le journal * Le livre

2. **Supprimez les mots qui n'évoquent pas le thème des vacances :**
Le travail * Le patron * Le rapport * La réunion * Le syndicat * La grève * L'opposition * L'échec * Le souci * L'anorak

3. **Cochez les 15 mots qui évoquent le thème de l'école :**
Le professeur * La note * Le tableau * Le devoir * La dictée * Le cahier * Le dictionnaire * Le manuel * L'exposé * Le crayon * La règle * Le classement * Le calcul * La rédaction * Le bureau

4. **Fichier audio n° 32 :**

Villes	Fleurs	Mer	Musique
Paris	muguet	plage	violon
Marseille	violette	voilier	partition
Lyon	glaïeul	coquillage	chef d'orchestre
Toulouse	camélia	algue	
Lille		parasol	
Nice		marée	
		méduse	

20 Les mots qui se ressemblent

1. **Compléter la phrase en choisissant le mot qui convient :**

1. Cela tiendra bien : j'ai vissé de toutes mes forces. ◦ Je crois qu'il a visé juste : il a mis en plein dans le mille ! ◦ 2. Attention ! Ce champignon est vénéneux. ◦ La vipère est un serpent qui est venimeux, contrairement à la couleuvre. ◦ 3. Fais bien attention à ce que je te dis car c'est très important. ◦ Mon intention n'était pas de lui faire du mal. Je suis désolé ! ◦ 4. Les pétales de cette fleur sont absolument magnifiques ! ◦ La pédale de mon vélo est bloquée. Peux-tu m'aider ? ◦ 5. Le Mont blanc : 3 810 mètres. Je ne suis jamais monté à une telle altitude ! ◦ Son attitude face à moi a été particulièrement grossière. ◦ 6. Je ne supporte vraiment plus de vivre dans ce pays. Je songe sérieusement à émigrer au Canada. ◦ Immigrer signifie venir se fixer dans un pays qui est étranger au sien. ◦ 7. Il a fait irruption dans la pièce de manière inattendue et en faisant grand bruit. ◦ L'éruption du volcan s'est déroulée cette nuit mais il n'y a pas eu de gros dégâts. ◦ 8. Cette fête de famille a réuni plus de trente personnes. ◦ Il a réussi son examen avec plus de 14 de moyenne. Bravo ! ◦ 9. Nous prendrons une légère collation à 10 heures. ◦ Cette collision entre la voiture et la moto a fait un blessé. ◦ 10. N'oublie pas de venir m'embrasser avant de t'en aller. ◦ Je ne comprends pas qu'il soit embarrassé par cette question. Il a la possibilité de ne pas y répondre. ◦ Le feu était d'une extrême violence. Les pompiers m'ont dit que tout s'est embrasé d'un seul coup.

21 Les homonymes

1. **En utilisant les dessins écrivez en dessous de chaque image le nom des homonymes suivants :**

1. a. But de foot ◦ b. La butte ◦ 2. a. Six ◦ b. Scie ◦ 3. a. Signe ◦ b. Cygne ◦ 4. a. Ballet ◦ b. Balai ◦ 5. a. Poil ◦ b. Poêle ◦ 6. a. Piton ◦ b. Python ◦ 7. a. Porc ◦ b. Port ◦ 8. a. Le ver ◦ b. Le verre ◦ 9. a. L'ancre ◦ b. L'encre ◦ 10. a. La selle ◦ b. Le sel

2. **Complétez la phrase en choisissant le mot qui convient :**

1. Je te dis que ce n'est pas une femelle mais un mâle. ◦ Regarde, la jolie malle que je viens d'acheter au marché aux puces. ◦ 2. Ce fut un véritable raz de marée. ◦ Je n'aime ni les rats ni les souris. ◦ 3. Crois-tu que je doive rajoute du thym dans la sauce ? ◦ Elle a vraiment un joli teint. ◦ 4. Je rêverais d'avoir des ailes pour voler comme les oiseaux. ◦ Tu veux aller au cinéma mais elle, pas du tout. ◦ 5. Cette femme a des seins superbes. ◦ Il s'en est sorti sain et sauf. ◦ Cet homme est adorable : c'est un véritable saint. ◦ 6. Il vit dans une toute petite hutte. ◦ « Ut » est un synonyme de la note « do ». ◦ 7. Tout le monde sait qu'une voiture a quatre roues. ◦ Elle a de magnifiques cheveux roux. ◦ 8. Je le trouve vraiment très sot ce garçon ! ◦ La danseuse vient d'exécuter un saut de biche. ◦ 9. Il n'est pas prêt pour faire cet achat. ◦ Ce magasin est tout près de la poste. ◦ 10. Je trouve que cette fille a un corps superbe. ◦ Connais-tu cet instrument de musique ? C'est un cor.

3. **Fichier audio n° 33 :**

1. a. J'aime le mois de juillet. * b. Moi, je préfère décembre. * 2. a. Le mâle et la femelle. * b. J'ai mal au dos. * 3. a. Le coup de pied. * b. Les cervicales sont dans le cou. * 4. a. La poule et le coq. * b. La coque du voilier. * 5. a. Les contes de fée. * b. Faire les comptes. * 6. a. Le toit de la maison. * b. Toi, que préfères-tu ? * 7. a. Les œufs de la poule. * b. Eux, ils arriveront plus tard. * 8. a. Je n'ai plus de voix. * b. La voie ferrée. * 9. a. Mon père et ma mère. * b. Une paire de bottes. * 10. a. Un pot de peinture. * b. La peau et les os.

22 Les synonymes

1. **Il faut barrer**

1. Coiffure * 2. Moderne * 3. Affreux * 4. Nez * 5. Boisson * 6. Chaussure * 7. Collier * 8. Chapeau * 9. Vélo * 10. Main

2. **Complétez le tableau en mettant le synonyme qui convient :**

Bateau	Navire
Sévère	Austère
Inconvénient	Désavantage
Invraisemblable	Incroyable
Malentendu	Méprise
Montre	Réveil
Pupille	Prunelle
Rétablissement	Guérison
Souci	Préoccupation
Synonyme	Équivalent
Transformation	Métamorphose
Veston	Veste
Preste	Rapide
Méchant	Vilain
Horrible	Affreux
Précoce	Prématuré
Environ	Approximativement
Écriteau	Panneau
Destinée	Destin
Tombée du jour	Crépuscule

3. **Reliez les verbes entre eux :**

Exaucer	Satisfaire
Écraser	Aplatir
Céder	Capituler
Accoucher	Enfanter
Engraisser	Gaver
Garder	Détenir

Incliner	Pencher
Maltraiter	Malmener
Nourrir	Alimenter
Redire	Répéter

4. **Retrouvez 10 mots et leurs synonymes que vous écrirez par paire :**

Refaire – Recommencer • Saint – Sacré • Séjourner – Demeurer • Semblable – Identique • Semer – Ensemencer • Symptôme – Signe • Distraire – Divertir • Lointain – Distant • Carrefour – Croisement • Ami – Camarade

23 Les préfixes

1. **Placer suivant le sens dans la colonne appropriée.**

DE = contraire du mot	N'a rien à voir avec le mot
Déranger	Défoncer
Défriser	Démarrer
Déplacer	Dénoncer
Dérouler	(Se) dépêcher
Déboutonner	Déballer
Décoiffer	Décrire
Déconseiller	Débrayer
Décontracter	Dégrader
Déplier	Dépouiller
Décharger	Dessiner

2. Fichier audio n° 34 :

1. Multi–colore • 2. Il–limité • 3. In–attendu • 4. In–apte • 5. Multi–récidiviste • 6. Il–lisible • 7. In–approprié • 8. In–changé • 9. Pré–histoire • 10. Il–logique • 11. Im–perméable • 12. Im–mobile • 13. Anti–dérapant • 14. Bi–colore • 15. Im–pensable • 16. Im–mature • 17. Bi–centenaire • 18. Bi–culturel • 19. Quadri–latère • 20. Im–moral

3. **Utilisez le préfixe de chaque mot pour vous permettre de classer les mots en colonne et donnez-en la signification :**

Plusieurs	Deux	Trois	In = Pas (privatif)
polygone	biplan	tricycle	incapable
polyglotte	bigame	trimaran	inattendu
polyphonie	bilingue	trilingue	inamovible
polyvalent	bimoteur		inaccoutumé
polygamie	bipède		inutile
	bicolore		
	bicentenaire		

24 Les suffixes

1. **Cochez l'intrus :**

1. Froid 2. Myopie ◦ 3. Menhir ◦ 4. Chevelu ◦ 5. Pommeau ◦ 6. Gui ◦ 7. Salle ◦ 8. Passivité ◦ 9. Faire ◦ 10. Finance

2. **Retrouvez le bon commerce pour compléter chaque ligne :**

1. La boucherie ◦ 2. La pâtisserie ◦ 3. La boulangerie ◦ 4. La bijouterie ◦ 5. La mercerie

3. **En partant du verbe donné, complétez le tableau suivant :**

Verbe	Nom	Adjectif
Chauffer	Chaleur, chauffage	Chaudement
Boire	Boisson	Buvable
Finir	Fin	Finalement
Affirmer	Affirmation	Affirmativement
Réagir	Réacteur, réaction	Réactif
Crier	Cri	Criant
Compter	Compte, comptable	Comptant
Vérifier	Vérification	Invérifiable
Offrir	Offre	Offrant
Nettoyer	Nettoyage	Net

4. Fichier audio n° 35 :

1. Proprement ◦ 2. Lentement ◦ 3. Patiemment ◦ 4. Efficacement ◦ 5. Lourdement ◦ 6. Petitement ◦ 7. Complètement ◦ 8. Généralement ◦ 9. Soudainement ◦ 10. Joyeusement

25 Les antonymes

1. Fichier audio n° 36 :

1. Gros # Gras ◦ 2. Grand # Petit ◦ 3. Clair # Foncé ◦ 4. Fort # Faible ◦ 5. Simple # Compliqué ◦ 6. Joyeux # Triste ◦ 7. Laid # Beau ◦ 8. Facile # Difficile ◦ 9. Peur # Courage ◦ 10. Adroit # Maladroit ◦ 11. Raconter # Se taire ◦ 12. Impatience # Patience

2. **Reliez par 2 le mot et son contraire :**

Blanc – Noir ◦ Haut – Bas ◦ Dedans – Dehors ◦ Rêve – Cauchemar ◦ Sec – Mouillé ◦ Sale – Propre ◦ Sucré – Salé ◦ Chaud – Froid ◦ Mauvais – Bon ◦ Monter – Descendre

3. **En vous servant des dessins, donnez le mot et son contraire :**

Grand – Petit ◦ Propre – Sale ◦ Gros – Maigre ◦ Froid – Chaud ◦ Pied – Main ◦ En haut – En bas ◦ Descendre – Monter ◦ Se taire – Parler ◦ Blanc – Noir ◦ Carré – Rond ◦ Gai – Triste ◦ Énervé – Calme

26 *Sens propre et sens figuré*

1. **Complétez les expressions en vous servant des explications données :**

1. Donner sa langue au chat. ▪ 2. Mettre quelqu'un en boule. ▪ 3. En avoir plein les bottes ou plein le dos. ▪ 4. Dormir sur ses deux oreilles ou à poings fermés. ▪ 5. Être dans de beaux draps. ▪ 6. Il voyage aux quatre coins de la terre. ▪ 7. Elle lui a brisé le cœur. ▪ 8. Ils ont construit des châteaux en Espagne. ▪ 9. Prendre ses jambes à son cou. ▪ 10. Ne pas avoir les deux pieds dans le même sabot. ▪ 11. Ça pèse une tonne ou un âne mort. ▪ 12. Il a le bourdon ou le cafard. ▪ 13. Elle a la langue bien pendue. ▪ 14. Il ne sait pas tenir sa langue. ▪ 15. Il a une langue de vipère.

2. **Fichier audio n° 37 :**

En avoir ras la casquette	En avoir assez
Tomber dans les pommes	S'évanouir
Avoir deux mains gauches	Ne pas être adroit
Savoir sur le bout des doigts	Connaître parfaitement
N'avoir que la peau et les os	Être très maigre
Marcher sur des œufs	Tout doucement
Avoir des oursins dans les poches	Être radin
Se noyer dans un verre d'eau	Éprouver de grandes difficultés devant un petit obstacle
Tomber des cordes	Pleuvoir très fort
Avancer à pas de loup	Avancer avec précaution
N'y voir que du feu	Ne pas voir la supercherie
Avoir plus d'une corde à son arc	Avoir de nombreuses possibilités
Avoir le cœur sur la main	Être très généreux
Prendre la mouche	Se fâcher
Dormir sur ses 2 oreilles	Dormir profondément

3. **Complétez l'expression en choisissant la bonne formule**

1. Ne pas tourner rond. ▪ 2. Avoir le cœur sur la main. ▪ 3. Avoir les yeux plus gros que le ventre. ▪ 4. Prendre la main dans le sac. ▪ 5. Faire entrer le loup dans la bergerie.

4. **Dites si le mot est employé au sens propre ou au sens figuré :**

1. Il a un cheveu sur la langue : sens figuré. ▪ Elle a de magnifiques cheveux : sens propre. ▪ 2. Il dévora des yeux la jolie fille qui passait : sens figuré. ▪ Il a dévoré son sandwich en deux minutes : sens propre. ▪ 3. J'ai acheté une nouvelle paire de draps fleuris : sens propre. ▪ Elle se trouve dans de beaux « draps » : sens figuré. ▪ 4. Elle nous a cuisiné un rôti aux petits oignons : sens propre. ▪ Il nous a concocté cela aux petits oignons : sens figuré. ▪ 5. Sa femme est un véritable panier percé : sens figuré. ▪ Je viens d'acheter un nouveau panier pour faire mon marché : sens propre. ▪ 6. C'est quelqu'un qui nage en eau trouble : sens figuré. ▪ J'adore nager le matin à la plage : sens propre. ▪ 7. C'est un véritable panier de crabes : sens figuré. ▪ Il n'y a pas de crabes sur cette plage : sens propre. ▪ 8. Il est déjà dans le bain : il a tout compris : sens figuré. ▪ Nous allons prendre un bain cet après-midi : sens

propre. ※ 9. Il y a une mouche qui ne cesse de m'embêter : sens propre. ※ Elle a prit la mouche et depuis, elle fait la tête : sens figuré. ※ 10. Elle est belle à croquer : sens figuré. ※ Je viens de croquer une pomme : sens propre. ※ 11. Elle utilise un fil doré pour broder : sens propre. ※ Il a perdu le fil de la conversation : sens figuré. ※ 12. Ca lui est resté sur le bras : sens figuré. ※ Regarde les muscles de ses bras : sens propre.

5. **Trouvez le bon sens. Cochez la phrase exacte :**

1. Donner du fil à retordre : poser des problèmes. ※ 2. Ça a fait un carton : c'est une véritable réussite. ※ 3. Connaître par cœur : connaître parfaitement. ※ 4. Mettre les pieds dans le plat : Parler de quelque chose de gênant. ※ 5. Faire des pieds et des mains : Se démener pour réussir quelque chose.

6. **Fichier audio n° 38 :**

1. Vrai ※ 2. Faux ※ 3. Vrai ※ 4. Faux ※ 5. Vrai ※ 6. Vrai ※ 7. Vrai ※ 8. Vrai ※ 9. Vrai ※ 10. Faux

7. **Complétez les expressions à l'aide des images :**

1. En avoir gros sur le cœur. ※ 2. Avoir une faim de loup. ※ 3. Ne pas casser 3 pattes à un canard. ※ 4. Dormir sur ses 2 oreilles. ※ 5. Ne pas avoir les 2 pieds dans le même sabot. ※ 6. Chercher midi à 14 heures. ※ 7. Mener par le bout du nez. ※ 8. Être malin comme un singe.

27 Les mots composes

1. **Fichier audio n° 39 :**

Demi-tarif ※ Face à face ※ Porte-fenêtre ※ Couvre-lit ※ Aller-retour

2. **Complétez les phrases en utilisant le vocabulaire donné :**

1. J'adore jouer à cache-cache avec mes amis. ※ 2. Dimanche nous irons tous faire un pique-nique en famille. ※ 3. S'il te plaît, débarrasse et mets tout dans le lave-vaisselle. ※ 4. Cet enfant ne tient pas en place. C'est un véritable casse-cou. ※ 5. Viens, nous allons jouer au ping-pong. ※ 6. Peux-tu ouvrir cette porte-fenêtre en grand ? ※ 7. Le pare-brise de notre voiture a été complètement détruit. ※ 8. Il est parti il y a juste une demi-heure. ※ 9. Il y a un porte-serviette dans la salle de bains ※ 10. Dans ce magasin tout est en libre-service.

3. **Retrouvez des mots composés en utilisant les dessins comme indices :**

1. Tire-bouchon ※ 2. Arc-en-ciel ※ 3. Grand-père ※ 4. Auto-stop ※ 5. Avant-bras ※ 6. Cerf-volant ※ 7. Gratte-ciel ※ 8. Sèche-cheveux 9. Soutien-gorge ※ 10. Nouveau-né ※ 11. Longue-vue ※ 12. Chauve-souris

28 Les différents types de langages

1. **Fichier audio n° 40 :**

1. Il en a plein les bottes : il en a assez. • 2. Ne te goure pas : ne te trompe pas. • 3. Quelles drôles de fringues il a ! Il porte des vêtements bizarres. • 4. Ferme ton clapet : tais-toi ! • 5. J'en ai marre de faire le poireau : j'en ai assez d'attendre. • 6. Il est complètement crevé : il est très fatigué. • 7. Vise-moi ce mec : regarde ce garçon. • 8. Ce qu'ils ont fait est complètement dingue : ce qu'il ont fait me semble fou. • 9. Il est zinzin : il est idiot. • 10. File-moi un coup de main, s'il te plaît : aide-moi s'il te plaît. • 11. Elle me gonfle : elle m'énerve. • 12. La ferme : tais-toi ! • 13. Il a du bol : Il a de la chance. • 14. File-moi les médocs : donne-moi les médicaments. • 15. Tu dois faire gaffe : tu dois faire attention. • 16. Quel boucan ! : quel vacarme ! • 17. Grouille-toi ! : dépêche-toi ! • 18. La bagnole est un vieux modèle : la voiture est un vieux modèle. • 19. Elle me fait marrer : elle me fait rire. • 20. Elle est moche : elle est laide.

2. **Reliez les mots en langage courant et en langage recherché :**

Abîmer = bousiller • Faire gaffe = faire attention • C'est fou = c'est dingue • Faire le poireau = attendre • Aider = donner un coup de main

3. **Retrouver le nom courant qui correspond :**

1. La menotte : la main • 2. Le peton : le pied • 3. Le matou : le chat • 4. Le clébard : le chien • 5. La quenotte : la dent

4. **Trouver la bonne explication :**

1. Il est gonflé : il a du culot. • 2. Il a levé le pied : il a un peu ralenti. • 3. Ces fringues sont super : ces vêtements sont très beaux. • 4. Elle regarde sa mimine : elle regarde sa main. • 5. Nous avons fait le poireau toute la matinée : nous avons attendu toute la matinée.

29 Les mots étrangers

1. **Fichier audio n° 41 :**

Le steak • Le speaker • Le hold-up • Le sandwich • Le jackpot • Le tee-shirt • Le jogging • Le sweat-shirt • Le windsurf • Le jean

2. **Certaines expressions latines n'ont pas changé. Associez la locution latine avec sa signification pour compléter le tableau suivant :**

Ad libitum :	A volonté
Ipso facto :	Automatiquement
Et cætera	Ainsi de suite
Alea jacta est	Le sort en est jeté
Carpe diem	Profite du jour présent
Dura lex sed lex	La loi est dure mais c'est la loi
In fine	A la fin
Persona non grata	Personne que l'on ne souhaite pas

3. **Donner la traduction française de ces expressions courantes :**

Low coast : bas coût • Night club : boîte de nuit

4. **Observez les mots suivants et ne recopiez que ceux qui sont d'origine espagnole :**

Patio • Torero • Flamenco • Picador • Corrida

5. **Classez les mots suivants dans le tableau pour indiquer leur provenance :**

Espagnol	Allemand	Russe	Japonais	Italien	Arabe
feria	vasistas	goulag	judo	cannelloni	merguez
matador	nickel	blinis	bonzaï	pizza	méchoui
picador		tzar	geisha	soprano	
muleta			karaté		
mirador					
patio					

30 Les proverbes

1. **Fichier audio n° 42 :**

1. Après la pluie, le beau temps. • 2. Qui veut tuer son chien, l'accuse de la rage. • 3. Petit à petit, l'oiseau fait son nid. • 4. Il ne faut pas vendre la peau de l'ours avant de l'avoir tué. • 5. Tant qu'il y a de la vie, il y a de l'espoir. • 6. Il faut garder une poire pour la soif. • 7. Qui va à la chasse perd sa place. • 8. Tant va la cruche à l'eau qu'à la fin elle se casse. • 9. Un homme averti en vaut deux. • 10. L'appétit vient en mangeant. • 11. L'habit ne fait pas le moine. • 12. Il y a loin de la coupe aux lèvres.

2. **fichier audio n° 43 :**

1. La nuit porte conseil. • 2. L'occasion fait le larron. • 3. Mieux vaut tard que jamais. • 4. Qui s'y frotte s'y pique. • 5. Qui vole un œuf vole un bœuf. • 6. Le soleil luit pour tout le monde. • 7. Tel père tel fils. • 8. Toute peine mérite salaire. • 9. À cœur vaillant rien d'impossible. • 10. Chat échaudé craint l'eau froide.

3. **Complétez les proverbes ou dictons suivants (un seul mot) :**

1. Il n'y a pas de fumée sans feu. • 2. Mieux vaut être seul que mal accompagné. • 3. Quand on parle du loup on en voit la queue. • 4. Mieux vaut prévenir que guérir. • 5. Faute avouée est à moitié pardonnée. • 6. On ne fait pas d'omelette sans casser d'œufs. • 7. Ce n'est pas aux vieux singes que l'on apprend à faire la grimace. • 8. L'habit ne fait pas le moine. • 9. La fin justifie les moyens. • 10. Qui peut le plus peut le moins.

Table des matières

Cet ouvrage a été achevé d'imprimer en juillet 2013
dans les ateliers de Nomandie Roto Impression s.a.s.
61250 Lonrai
N° d'impression : 132359
Dépôt légal : juillet 2013

Imprimé en France